R DEN TOREN HH's AM 01.JULI 2022

LIEBE ALEX,

♡LICHEN GLÜCK-
WUNSCH ZU
5 JAHRE „SKP"

DAMIT DEIN FREIZEITSAUSGLEICHS-
SPORT NICHT AUCH NOCH IN STREß
SICH WENDET... HABEN WIR 4 VORGE-
SORGT... DAS SCHWIMMENDE LOCH FÜR DEINEN
POOL, ÜBUNGSBÄLLE DIE NICHT WEHTUN...
& INE ANGEL, WENN DU MAL NICHT
PLANSCHEN MAGST! ;)

Golf 4.0

Die größten Mythen und Fehler im Golf

Golf 4.0 – Die größten Mythen und Fehler im Golf

Autoren: Frank Adamowicz & Christophe Speroni

Für dieses Buch verantwortlich ist

GOLFSTUN.DE
Christophe Speroni
Peter-Strasser-Weg 4
12101 Berlin

http://golfstun.de
info@golfstun.de

Alle Rechte vorbehalten.

ISBN: 978-3-9819631-1-3

Erste Auflage – Dezember 2018

In jedem Kapitel findest Du Videos! Wie das funktioniert? Du hast zwei Möglichkeiten:

1. Gib den angezeigten Link im Browser ein oder

2. scanne den QR-Code mit Deinem Smartphone.

QR-Code   Link

So einfach funktionieren QR-Codes

Mit dem iPhone (ab iOS 11)

 1.Öffne Deine Kamera-App.

2. Halte die Kamera über den QR-Code ...

3. ... und tippe auf den Link, der oben im Bild erscheint. Schon wird das Video aufgerufen.

Andere Smartphones

Suche im App Store nach „QR Code" und installiere Dir eine App, mit der Du QR-Codes scannen kannst. Im Store wirst Du auch kostenlose Apps finden.

Hallo, ich bin Frank.

Ich spiele seit über 50 Jahren Golf. Seitdem sind unzählige Golfbücher erschienen. Die meisten davon behandeln detailliert die technischen Facetten des Golfschwungs. Solch ein Lehrbuch mag für Golflehrer sehr hilfreich sein – doch meine Erfahrung ist, dass es für viele Golfschüler wenig sinnvoll ist, dem Idealbild eines Golfschwungs nachzueifern. Eine Schwungbahn bzw. Schwungtendenz lässt sich nur mit sehr viel Training oder entsprechender Begabung verändern. Aus diesem Grund wollte ich nicht das x-te Golf-Lexikon schreiben, sondern den häufigsten Fragen und den Erfolgsfaktoren für gutes Golf auf den Grund gehen. Dabei gehe ich auf strategische und mentale Aspekte ein, auf die Planbarkeit von Erfolg und auch Teamführung. Alles Themen übrigens, über die ich immer häufiger in Vorträgen für Nicht-Golfer spreche.

Der Schwerpunkt liegt jedoch auf den häufigsten Mythen und Fehlvorstellungen, die mir täglich in meinen Golfstunden begegnen.

Ich hoffe, dass Dir meine Tipps und Erklärungen weiterhelfen werden und Du genauso viel Freude beim Lesen hast, wie ich beim Schreiben hatte.

https://vimeo.com/291473362/23815579d5

Die größten Mythen und Fehler im Golf

Kurzes Spiel

1 Ist Erfolg planbar?

https://vimeo.com/290586903/166ccaab79

Die Frage, ob Erfolg planbar ist, wird in der Öffentlichkeit häufig gestellt. Eine positive Antwort zu geben, ist schwierig: Natürlich kann man versuchen, alles »richtig« zu machen. Ich finde die Frage, was die Bedeutung von Erfolg ist, viel spannender. Ich finde es sehr wichtig, sich das für sich selbst erstmal klar zu machen.

Was ist Erfolg im Sport, im Beruf, im Leben? Und wer kann das überhaupt beantworten?

Ob Erfolg planbar ist? Meine Antwort lautet: »Nein!«. Ich kann mich nicht damit beschäftigen, wo, wie und wann ich angekommen sein möchte, wenn ich den Weg dahin nicht genau kenne. Ich lebe das, was ich mache. Das heißt, dass ich es mit Begeisterung ausübe und mich dabei so authentisch gebe, wie ich bin. Das ist für mich die Grundlage, das was ich mache auch gut zu machen. Und das kann dann zum Erfolg führen.

Bei sportlichen Großereignissen wie Olympia, Weltmeisterschaften, Grand Slam Turnieren, usw. versuchen sich alle Sportler, optimal vorzubereiten. Am Wettkampftag klappt es dann trotzdem oft nicht so wie geplant. Das kann viele Gründe haben. Der eigene Druck, es unbedingt schaffen zu müssen, kann so groß sein, dass man verkrampft. Sowohl im Sport als auch im Beruf können realistische Ziele helfen. Die entscheidende Frage ist: Was sehe ich für mich selbst als Erfolg an und was denke ich, erreichen zu können?

Träumen ist natürlich erlaubt, doch unrealistische und nicht erreichbare Ziele fördern Frust und Verkrampfung. Ziele sollten zu den eigenen Mitteln und Möglichkeiten passen. Mit diesen muss sich jeder einzelne leider selbst auseinander setzen. Im besten Fall ist Austausch mit einem Trainer oder Vertrauten möglich. Für mich ist immer die eigene innere Zufriedenheit sehr wichtig, um erfolgreich sein zu können.

Ich erlebe immer wieder Situationen, in denen sich ein

Sportler vielleicht auf Grund einer kleinen Verletzung nicht so gut fühlt und denkt, dass es heute schwierig werden könnte. Doch dann läuft es plötzlich wie geschmiert, weil die eigene Erwartung nicht hoch war und locker aufgespielt werden konnte. Letztendlich kann ich nur selbst dafür sorgen, mich selbst in den besten Zustand zu bringen, der aktuell möglich ist. Im Sport erfolgt das über das Training. Im Beruf würde das bedeuten, zu erkennen, welche Aufgaben und welche Position ich er- bzw. ausfüllen kann.

Ein Ziel ist immer dann hilfreich und motivierend, wenn ich es aktiv gestalten kann und es in gewisser Weise in meinem Kontrollbereich liegt. Ich finde es beispielsweise viel hilfreicher, mir als Ziel zu setzen, mich optimal vorzubereiten als zu gewinnen. Wenn ich an einem Wettkampf in meinem besten Zustand teilnehme, alles

Eine gute Vorbereitung »kann« die Grundlage für Erfolg sein

gegeben habe und ich am Ende nicht der Beste war, wäre das auch nicht wirklich das Schlimmste, oder?

Hochrechnungen auf der Runde, wie viele Punkte man schon nach 14 Löchern gesammelt hat und wie man die letzten vier Bahnen spielen müsste, sind nicht hilfreich. So wird das nie etwas mit dem Erfolg! Erfolg kann dann folgen, wenn ich Schritt für Schritt meine Aufgaben erledige. Im Golf über die Routinen. Und im Beruf durch zur Ruhe kommen, analysieren und dann wieder an die geplante Aufgabe gehen.

Wenn Du beim Golfen selbst zu den Punktezählern gehören solltest, würde ich Dir empfehlen, mal Zählspiel auszuprobieren. So wurde Golf die meiste Zeit gespielt. Das ist das »wahre« Golf und man lernt, sachlicher zu denken: Jeder Schlag zählt. Und immer nur auf den nächsten Schlag kommt es an. Gedanken wie »Wie werde ich erfolgreich?« finde ich weder im Golf noch im Beruf hilfreich. Es helfen auch keine Vergleiche mit Golffreunden, anderen Spielern oder Kollegen. Jeder Mensch ist anders und hat andere Voraussetzungen. Da kann jeder Vergleich nur hinken. Vergleiche sagen nichts über die eigenen Stärken und Schwächen aus. Hilfreich hingegen ist es, die eigenen Stärken und Schwächen zu kennen und zu wissen, was man sich in gewissen Situationen zutrauen kann oder lieber lassen sollte. Du wirst Erfolg haben, wenn Du genau das beherrschst. Die Handicap-Zahl ist dabei völlig egal.

Gerade beim Golf verstehe ich nicht, warum Erfolg oftmals über das Handicap definiert wird. Für alle, die ein Handicap haben, ist Golf ein Hobby. Genieße es, wenn Du die Möglichkeit hast, Deinem Hobby nachzugehen. Erfreue Dich an der wunderbaren Natur. Zu erkennen, was man hat und was man machen darf, ist ein Geschenk. Auch in anderen Sportarten stellen sich Erfolge ein, wenn eine gewisse Lockerheit vorhanden ist. Wenn ich auf dem Platz bin, habe ich richtig viel Spaß, wenn ich die Bälle so treffe, wie ich es mir vorstelle und den Ball im Spiel halte. Damit ist nicht unbedingt ein guter Score verbunden! Ein guter Score ist kein Indikator für Spaß und Freude.

Wie ist aber Erfolg jetzt vielleicht doch planbar?

Es hilft, wenn Du Deine Stärken und Schwächen genau kennst. Dadurch wirst Du wissen, wann Du etwas wagen kannst und wann Du lieber auf Nummer sicher gehen solltest. Das ist ein Lernprozess.

Die Schwierigkeiten und Herausforderungen hierbei können sehr unterschiedlich sein:

- Es fehlt an Schlaglänge

- Dein kurzes Spiel ist einfach nicht gut genug

- Die Platzstrategie fehlt oder wird unterschätzt

- Grauenhafte Ausrüstung

- Auf dem Platz zu emotional

- Keine Trainingsdisziplin

- Keine gute Konzentrationsfähigkeit

- Zielsetzung passt nicht zu Deinen Möglichkeiten

- Den richtigen Trainer oder Betreuer zu finden

- Das Gefühl, jemandem etwas beweisen zu müssen

- Im Beruf: Nicht an der richtigen Position eingesetzt zu sein

- Und, und, und

Wenn Du weißt, welche Punkte auf Dich zutreffen, kannst Du viel systematischer daran arbeiten, sie zu verbessern bzw. Veränderungen vorzunehmen. Das ganze Leben besteht aus Lernen und Verbessern. Das sollte ein Antrieb sein. Im Golf gibt es keine Verbesserung ohne Training. Vor allem keine Konstanz. Viele Golfer trainieren nicht gerne, da sie der Meinung sind, dass sie schlechter spielen, wenn sie trainiert haben. Solche Zusammenhänge kann man sich natürlich einreden und dienen oft als Ausrede, sich nicht weiter bilden zu wollen. Oder weil sie nicht wissen, was sie trainieren sollten. Weil ein Plan fehlt. Mit einem Plan, der auf einer Analyse der Stärken und Schwächen basiert, ist Training so viel effektiver: Schritt für Schritt verbessern – ohne Zeitdruck.

Von heute auf morgen kann nicht alles gleichzeitig besser werden. Viele meiner Schüler machen sich selbst zeitlichen Stress – dabei findet Verbesserung doch permanent statt und ist zeitlos. Gib Dir selbst einfach mal ein paar

Monate Zeit und gehe zum Beispiel folgende Punkte an:

- Nimm jeden Tag zu Hause einen Schläger in die Hand und übe den Griff

- Mache Schwünge mit einem Theraband

- Trainiere Deine Kraft und Beweglichkeit

- Kauf Dir eine Puttingmatte

- Stell Dich vor den Spiegel und übe Deine Ansprechhaltung

- Schreibe auf, was Du auf dem Platz besser machen möchtest

… und fang nicht erst bei Saisonbeginn, sondern sofort damit an. Du kannst auch eine Menge tun, wenn das Wetter schlecht ist. Du musst es nur wollen. Bevor Du weiterliest ...

den letzten Punkt in der Liste könntest Du zum Beispiel auch jetzt umsetzen. Probiere es fünf Minuten lang aus.

Erfolg ist in gewisser Weise doch planbar

Wenn Du bereit bist, für Dein Ziel etwas zu tun, ist Erfolg irgendwie doch planbar. Mein Ziel mit diesem Buch ist es, dass Du verstehst, wie Du mehr Konstanz in Dein Spiel bringen kannst. Den Plan hierzu kannst Du Schritt für Schritt mit jedem der Kapitel verfolgen.

Nicht nur beim Golf ist es ratsam, nichts übers Knie zu brechen. Wenn Du etwas erreichen möchtest, dann gehe es in Ruhe und mit Bedacht an. Wer konstant werden will, sollte lernen, konstant gut zu denken. Damit bewegen wir uns bereits in den mentalen Bereich. Denn auch hier geht es darum, ehrlich zu sich selbst zu sein. Man muss nicht alles super können, aber man kann vieles lernen.

Erfolgreiche Menschen heben sich oft durch ihre Körpersprache und Ausstrahlung von der Masse ab. Tiger Woods, Greg Norman, Seve Ballesteros, Henrik Stenson … sie alle gehen aufrecht, der Oberkörper ist gerade und sie strahlen Sicherheit aus. Oder beim Fußball ein Cristiano Ronaldo. Der platzt fast vor Überzeugung und zeigt das, was er kann. Bei vielen Golfern kann man optisch von außen erkennen, wie es gerade läuft: Der Kopf ist eingezogen, die Haltung leicht gebückt und ein schlurfender Schritt. Wie soll man mit einer solchen Haltung die eigenen Potentiale ausschöpfen?

Große Persönlichkeiten strahlen oft eine angenehme Ruhe aus. Die wird auch benötigt, wenn es mal schwierig oder eng wird. Die anderen Typen gehen bei jeder kleinen Schwierigkeit sofort an die Decke, sind sofort gereizt und zeigen schlechte Reaktionen. Das wird auf Dauer nicht zum Erfolg führen. Arbeite an Deiner Ausstrahlung! Das wird Dir helfen, selbstbewusster an all Deine Aufgaben zu gehen und wesentlich überzeugter von Dir selbst zu sein: Was Du kannst, machst Du gut. Und was Du nicht so gut kannst, lässt Du an der einen oder anderen Stelle weg. Selbstüberschätzung macht nicht erfolgreich. Sei Realist!

2

Wie führe ich ein (Golf-)Team?

https://vimeo.com/290595380/0ce603b7fa

Beim Golf-Mannschaftssport besteht die Aufgabe darin, aus Individualisten ein Team zu bilden. Nicht jeder Mensch ist ein Team-Player. Das muss er auch nicht. Nur ergibt es dann vielleicht mehr Sinn, wenn diese

Menschen ihren eigenen Weg gehen.

In unserer Gesellschaft gibt es Tendenzen, dass Menschen immer egoistischer werden. Jeder kümmert sich nur noch um seine eigenen Belange und die Probleme der anderen interessieren sie nicht. Ich finde, dass jede Sportart eine tolle Möglichkeit ist, mehr Miteinander zu üben und sich in einer Gruppe zu positionieren. Auch wenn Golf zunächst ein Individualsport mit vielen Regeln und Etikette ist, spielt der Mannschaftssport dennoch eine große Bedeutung – siehe Ryder Cup, Presidents Cup, Solheim Cup oder Landesmeisterschaften und Bundesliga. Vor allem im Jugendbereich ist die Team-Komponente besonders stark ausgeprägt. Hier können Spieler in einem Team manchmal mehr erreichen als alleine.

Wer im Mannschaftssport tätig ist, sollte wissen, wie wichtig die Führung eines Teams ist. Mit der richtigen Führung und Betreuung, kann aus einer Gruppe von Individualisten ein echtes Team werden. Ich habe über 25 Jahre Mannschaftserfahrung und konnte mit meinen Teams große Erfolge feiern. Dabei habe ich gelernt, dass viele noch mehr Spaß am Golf haben, wenn Sie einem Team angehören.

Ein gut funktionierendes Team braucht klare Regeln, die für jeden gelten. Auch für mich als Verantwortlichen! Viel mehr noch: Es gilt diese Regeln vorzuleben. Ansonsten leiden Autorität und Glaubwürdigkeit.

Folgende Punkte erachte ich als sehr wichtig:

1. Kommunikation innerhalb der Gruppe

2. Klare Regeln

3. Organigramm

4. Gleichgewicht innerhalb der Gruppe

5. Coaching

6. Der motivierte Trainer / Betreuer

7. Was ist der Schlüssel zum Erfolg?

Das sind meine Leitlinien, um ein Team erfolgreich zu führen und so, dass es auch allen Beteiligten Spaß macht. Natürlich ist es auch wichtig, sich die richtigen Leute ins Team zu holen und manchmal gehört es auch dazu, sich von jemandem zu trennen, wenn es nicht passt. Meine Erfahrungen haben mich jedoch gelehrt, dass es wirklich nur sehr wenige Menschen gibt, die sich nicht in ein Team integrieren lassen. Es liegt meist nur daran, wie unterschiedlich man jeden Einzelnen anpackt bzw. anspricht. Der eine benötigt mehr Freiraum, der andere benötigt permanent eine klare Ansage. Wichtig ist in meinen Augen, dass man als Verantwortlicher transparent macht, warum jeder Einzelne anders geführt wird.

Gibt es eigentlich im Sport und in der Wirtschaft Gemeinsamkeiten im Bereich des Teambuildings? Oh ja, die gibt es! Beim Golf kann ich sehr schnell herausfinden, wie jemand tickt: Wie ist er drauf, wenn es gut läuft? Was macht er, wenn es mal gar nicht klappt? Der Umgang mit den dauernden Anforderungen beim Golf ist höchst anspruchsvoll: Ein Golfer muss stets relativ schnell Entscheidungen treffen. Das ist wie im Berufsleben, insbesondere in Führungspositionen.

Ein Beispiel aus dem Golf: Mein Ball liegt nahe an einem Baum und ich müsste den Ball mit einer Rechts-Links-Kurve spielen. Meine Tendenz is aber eher eine Links-Rechts-Kurve. Versuche ich nun den Schlag, der mir nicht liegt? Oder spiele ich quer auf die Bahn und dann risikolos weiter? Bei der Entscheidung selbst gibt es kein »richtig« oder »falsch«. Doch wenn ich das Risiko eingehe: Kann ich mit meiner Entscheidung leben, wenn es nicht geklappt hat?

Ein Schlüsselfaktor ist die intensive Kommunikation mit jedem Team-Mitglied. Wenn ich eine Gruppe wirklich führen möchte, muss ich mir Zeit nehmen und zwar für jeden, der Teil der Gruppe ist: Zeit. Für jeden! Ein Team folgt mir nur, wenn ich von jedem Einzelnen das Vertrauen gewinne und meine Ziele klar formuliere, erkläre und vorlebe. Entscheidungen müssen für alle klar verständlich und nachvollziehbar sein – und es ist völlig ok, wenn diese nicht jeder gut findet. Wichtig ist nur, die Führungsposition zu lieben und damit auch die Verantwortung zu lieben.

Gerade in der heutigen Zeit ist das Persönliche wieder wichtiger geworden. Als Führungspersönlichkeit muss ich mich in jedes Teammitglied hineinfühlen und mir vorstellen, was ich mir an seiner Stelle vom Leiter oder Trainer wünschen würde. Ich habe es nie gemocht, wenn andere Menschen oberflächlich sind oder zumindest habe ich in solchen Situationen herausfinden wollen, warum sie es sind.

Ich habe mal einen Satz gelesen, der mir besonders im Gedächtnis geblieben ist: »Man muss die Menschen so nehmen, wie sie sind, denn andere gibt es nicht.« Ich glaube, dass wenn man sich dieses Motto zu Herzen nimmt, man viel offener und loyaler auf andere zugehen kann. Andere Menschen so zu verändern, dass sie »passen«, halte ich für den völlig falschen Weg.

Noch ein paar Worte zum Thema »Zeit«. Zeit muss man sich nehmen. Vor allem, wenn man andere Menschen betreuen und begleiten darf. Zeit zum Kennenlernen. Zeit für Persönliches. Ich lerne andere Menschen gerne auch über Themen kennen, die nichts mit dem Beruf oder Sport zu tun haben.

Es gibt immer wieder ehemals erfolgreiche Sportler, die nach ihrer Karriere in der Wirtschaft erfolgreich sind. Die Gründe hierfür sehe ich vor allem in folgenden Schnittmengen:

- Einhaltung von Regeln

- Fleiß

- Disziplin

- Eigenmotivation

- Selbstorganisation

Wer in diesen Bereichen im Sport seine Stärken hat, wird auch in der Wirtschaft davon profitieren (und umgekehrt).

Gerade im Golfsport haben Regeln und Etikette einen hohen

Stellenwert. Als Trainer habe ich gesehen, dass genau diese beiden Punkte meinen Sportlern gut getan haben, auch wenn ich den einen oder anderen an diese Regeln manchmal erinnern musste. Ich denke sogar, dass wir Menschen besser funktionieren, wenn es klare Regeln gibt und wir uns nach diesen verhalten. Das hat nichts damit zu tun, dass nicht jeder seine eigenen Fähigkeiten kennen und lernen sollte. Ganz im Gegenteil. Doch wenn viele Menschen zusammen etwas tun, vereinfachen Regeln den Umgang miteinander.

Golf als Mannschaftssportart unterscheidet sich natürlich von anderen Sportarten wie zum Beispiel Fußball. Zwar müssen auch hier alle als ein Team funktionieren, doch beim Golf spielt immer noch jeder seinen eigenen Ball. Und doch ist die Mannschaft nur dann erfolgreich, wenn jeder Einzelne ein gutes Ergebnis erzielt. Es gibt Mannschaftsspieler, die ein erheblich besseres Ergebnis erzielen, wenn sie das Gefühl haben, dass sich jemand um sie kümmert. Das Gefühl, wichtig zu sein und gebraucht zu werden kann sich beim Golf-Mannschaftssport besonders stark entfalten und zu ungeahnten Leistungen führen.

Viele Mannschaften im Golf sind in ihren Handicap-Unterschieden (Spielstärken) sehr gemischt. Meine Erfahrung hat mich gelehrt, dass die Spieler mit den niedrigsten Handicaps ihre Leistung sowieso bringen. Spielentscheidend waren am Ende die Spieler mit den höheren Handicaps. Daher ist als Teamführer so wichtig, sich um jedes Team-Mitglied zu kümmern und jedem deutlich zu machen, wie wichtig er ist. Da es für viele Mannschaften ein Problem ist, ein Team voll zu bekommen, gehört ein großes Backup ebenfalls zu einem funktionierendem Team. Auch diese Team-Mitglieder benötigen Aufmerksamkeit!

Ein Team sollte auch optisch als Team wahrnehmbar sein

Es macht mir sehr viel Freude, als Team auf dem Golfplatz aufzutreten. Und oft spüre ich bei meinen Spielern, wie viel Freude es ihnen macht, ihren Golfclub zu repräsentieren. Wenn es dann erfolgreich gelaufen ist, natürlich umso mehr.

Für ein Team ist es auch wichtig, optisch als ein Team aufzutreten. Das gleiche Hemd oder der gleiche Pullover lässt Außenstehende erkennen, wer zur Mannschaft dazugehört. Wenn ich ein Team führe, bin ich davon natürlich nicht ausgenommen!

Ich weiß, dass viele in eine Führungsposition wollen, aber oft nicht genau wissen, was dazu gehört, um dieser Position gerecht zu werden. Zu folgenden Fragestellungen, solltest Du Dir im Vorfeld Gedanken machen und diese vielleicht sogar schriftlich festhalten:

- Was ist mir wichtig?

- Was kann ich gut?

- In welchen Bereichen sollte ich noch an mir arbeiten?

- Wie möchte ich gesehen werden?

- Wie sehe ich mich in einer Führungsposition?

- Was erwarten andere von mir?

- Wieviel Zeit muss ich aufbringen?

- Was will ich am Ende erreichen?

Es gibt viele Fragen, die es im Vorfeld zu klären gibt. Denn die Verantwortung anderen Menschen (und Karrieren) gegenüber muss einem Leader immer bewusst sein.

3 Wie setze ich meine Stärken (und Schwächen) ein?

https://vimeo.com/290588251/9b18456004

Ich weiß, dass sich nur sehr wenige Golfer mit diesem Punkt beschäftigen. Da Du Dir dieses Buch gekauft hast und gerade dabei bist, dieses Kapitel in Angriff zu nehmen, gehörst Du wohl dazu. Sehr schön! Denn die Analyse der eigenen Stärken und Schwächen ist die Grundlage dafür, dass Du Dich richtig einschätzen und gezielt trainieren kannst.

Im Unterricht erlebe ich sehr oft Schüler, die denken, dass ein Training gut war, wenn möglichst viele Bälle geschlagen worden sind. Dabei ist das Potential, sich mit seiner eigenen Persönlichkeit zu beschäftigen, so viel größer. Das »Wegstecken« von schlechten Schlägen ist eine Eigenschaft, die sich gewaltig auf das eigene Golfspiel auswirken kann.

Golf ist ein sehr schwieriger Sport. Eine gute Runde Golf zu spielen ist ein Puzzle aus vielen kleinen Details, die zusammenpassen sollten. Deshalb ist es so wichtig, viel über sich selbst zu wissen und seinen eigenen Golfschwung zu kennen – ob er Dir gefällt oder auch nicht. Es gibt natürlich auch Schüler, denen es extrem wichtig ist, dass ihr Schwung schön aussieht. Egal, ob sie damit gut scoren oder nicht –

das ist dann ihre persönliche Entscheidung.

Bei sehr guten Spielern kannst Du beobachten, dass schlechte Schläge nicht ganz so viel kaputt machen. Das liegt vor allem daran, dass sie ihr Können richtig einschätzen. In schwierigen Situationen versuchen sie nicht Schläge auszuführen, die nur eine geringe Erfolgswahrscheinlichkeit haben. Die Entscheidungen, welche Lösung (welcher Schlag) in welcher Situation angemessen ist, erfolgt nicht zufällig. Einzelne Schläge werden geplant, Bahnen werden taktisch und die gesamte Runde strategisch angegangen. Wenn Du gut und konstant spielen möchtest, dann ist dieser Punkt von enormer Bedeutung!

Gute Entscheidungen kannst Du nur treffen, wenn Du genau weißt, was Du gut kannst – und was nicht so gut. Das würde so einiges leichter machen.

Ein Beispiel: Angenommen, Du weißt, dass Du eine Tendenz zum Slice hast. Der Verlauf der Bahn ist von rechts nach links. Theoretisch wäre ein Schlag mit Tendenz zum Hook sinnvoll. Glaubst Du, es wäre eine praktische Lösung einen solchen Ball zu spielen? Mit Sicherheit nicht.

Es ist gut, seine Stärken zu kennen. Doch gilt das genauso für die Schwächen. Nur wer seine Schwächen kennt, kann an ihnen arbeiten und sie zu Stärken werden lassen. Verschließe nicht die Augen vor Deinen Schwächen!

Mein Tipp: Nimm Dir die Zeit und schreibe auf, was Deine Stärken und was Deine Schwächen sind. Wenn Du Dich fair beurteilst, wirst Du feststellen, dass Du mehr Stärken als Schwächen haben wirst. Und das ist auch gut so. Lege diese Notizen für ein paar Tage beiseite und schaue dann noch mal drüber. Ändere Punkte ab, wenn nötig.

Bei Deiner nächsten Runde versuchst Du, Deine Stärken gezielt einzusetzen. Wenn zu Deinen großen Schwächen zum Beispiel der Driver gehört, dann mach den Abschlag mit dem Eisen 7, das Dir gut liegt. Du wirst merken, dass sich das nicht negativ auf Deinen Score auswirken wird. Im Gegenteil!

4 Was sind die wichtigsten Faktoren für gutes Golf?

https://vimeo.com/290589082/0cc235d604

Für mich gibt es vier Säulen im Golf:

1. Deine Golfschwungtechnik

2. Deine physischen Voraussetzungen

3. Deine Ausrüstung

4. Deine mentale Einstellung

Genau in dieser Reihenfolge. Jeder Punkt kann entscheidend sein und wird ein unterschiedlich großes Verbesserungspotential mit sich bringen. Es ist also sinnvoll, sich mit jedem dieser Punkte auseinanderzusetzen.

Golfschwung-technik

Egal wie Dein Schwung aussieht, am Ende muss er nur zu Dir passen. Das ist der Fall, wenn es Dir leicht fällt, diesen wiederholbar ausführen zu können. Vor allem auf dem Platz. Denn wir wissen alle, dass Driving Range und Golfplatz zwei Paar Schuhe sind.

Es bringt nichts, wenn Du Dir auf dem Platz irgendwelche schwierigen Schwunggedanken machst und vor lauter Grübeln kein gutes Ergebnis mehr erzielen kannst. Es ist wichtig, dass Du Deinen Schwung kennst und vor allem akzeptierst. Versuche also nicht,

heute z.B. „besonders weit" zu schlagen. Konzentriere Dich auf das, was Du kannst. Wenn Du allerdings Schwierigkeiten hast, den Ball überhaupt in die Luft zu bekommen, solltest Du einen Pro aufsuchen.

Konzentriere Dich auf der Runde auf das Wesentliche, kenne Deine Schlagtendenzen und setze sie geschickt ein.

Fazit: Schwinge mit Deiner Technik und vertraue ihr.

Physische Voraussetzungen

Deine Ansprüche sollten zu Deinen körperlichen Voraussetzungen passen. Sei ehrlich zu Dir selbst. Wenn jemand einen versteiften Rücken hat, die Muskeln verkrampft und dadurch verkürzt sind und vielleicht noch einen Rundrücken hat, dann wird er wahrscheinlich kein Longhitter sein. Wenn er dennoch den Ball 20 Meter weiter schlagen möchte, sollten zuerst die körperlichen Defizite angegangen werden. Die kann man nicht dadurch ausgleichen, dass man beispielsweise mental besonders stark ist.

Das Schöne ist, dass man auch mit körperlichen Problemen sehr gutes Golf spielen kann. Nur sollten die Ziele und Ansprüche realistisch bleiben. Golf macht viel mehr Freude, wenn Du nicht Dingen hinterherläufst, die Du gar nicht erreichen kannst. Du musst niemandem etwas beweisen – erst recht nicht Dir selbst. Nimm einfach mal Druck vom Kessel und genieße es, in der schönen Natur Golf zu spielen.

Physische Probleme können oft leicht abgearbeitet werden – aber nicht durch Tabletten schlucken! Mit den richtigen Übungen eines Physiotherapeuten oder Golfathletik-Trainers, können Beweglichkeit und Stabilität gezielt verbessert werden. Für diese Übungen benötigst Du kein teures Equipment. Mit einer Isomatte, einem Theraband und einer Faszienrolle kannst Du zu Hause sehr effektiv trainieren.

Wenn Du Deine körperlichen Schwächen aktiv angehst, wird das nicht nur Deinem Golfspiel, sondern auch Deinem allgemeinen Wohlbefinden gut tun.

Ausrüstung

Warum die Relevanz der richtigen Ausrüstung im Golf

immer noch so unterschätzt wird, ist mir ein Rätsel! Viele Golfer spielen mit Schlägern, die nicht zu ihnen passen.

Wenn jemand z.B. eine langsame Schlägerkopfgeschwindigkeit hat, aber mit harten und schweren Schäften spielt, wird er es nicht schaffen, lange Bälle zu schlagen – wenn sie denn überhaupt fliegen! So macht Golf einfach keinen Spaß.

Gerade beim Drive macht es einen großen Unterschied, welche Eigenschaften Dein Schläger hat. Nicht jeder Loft ist für jeden Schwungtyp geeignet. Dabei ist dies Problem so leicht zu lösen: Mach einfach mal ein Schlägerfitting!

Bist Du Dir sicher, dass Deine Schläger den richtigen Loft, den richtigen Lie und die passenden Griffe für Deine Hände haben? Wenn nicht: Ab zum Fitter! Bei einem Fitting, mit einem Trackman* als Messgerät, kann sehr schnell herausgefunden werden, welcher Schläger wie gut für Dich funktioniert. Willst Du das wirklich dem Zufall überlassen und mit einem Schläger spielen, den Du »einfach so« ausgewählt hast?

Der Trackman* ermittelt alle relevanten Werte

Genauso ist es mit den Bällen. Auch hier gibt es erhebliche Unterschiede. Am besten wäre es, wenn Du immer mit der gleichen Marke spielen würdest,

*Werbung (Markennennung)

um mehr Gefühl im kurzen Spiel für die feinen Schläge entwickeln zu können. Es geht gar nicht so sehr darum, welcher Ball eventuell weiter fliegt. Der größte Effekt entsteht im kurzen Spiel, wenn Du mit der gleichen Ballsorte spielst.

Ein sehr harter Ball springt viel schneller von der Schlagfläche. Das ist beim Putten wenig sinnvoll. Hier gilt es auszuprobieren, was am besten passt. Du wirst Dich wundern, wie schnell Du den Unterschied spüren wirst.

Mentale Einstellung

Wenn Du die ersten drei Säulen (Schwungtechnik, physische Voraussetzungen und Ausrüstung) abgehakt hast, ist es sinnvoll, den mentalen Aspekt anzugehen.

Wir wissen alle, wie schnell eine Runde durch eine Fehlentscheidung kippen kann. Oder wie negativ sich Ärger, den man nicht abschütteln kann, auf das Golfspiel auswirken kann. Auch das Hadern mit den Platzverhältnissen, das Aufregen über einen Mitspieler und alle anderen Ausreden haben sich noch nie positiv auf den Score ausgewirkt.

Es bringt einfach nichts, sich mit Dingen zu beschäftigen, die Du nicht im Ansatz beeinflussen kannst. Das gilt übrigens nicht nur auf dem Golfplatz! Du kannst aber die Einstellung haben, aus Fehlern lernen zu wollen und die positiven Aktionen zu erkennen. Golf besteht aus Fehlern. Wer das am schnellsten versteht, hat das Spiel schon verstanden!

Wenn ein Ball nicht so gut getroffen ist, aber keinen Schaden anrichtet, spreche ich gerne von positiv schlechten Schlägen.

Lerne auch, die positiven Dinge vom Training mitzunehmen – und nicht die schlechten! Was bringt es Dir, wenn Du Dich auf die Dinge konzentrierst, die nicht so gut funktioniert haben? Ein Beispiel: Ein Schüler schlägt zehn Bälle mit dem Eisen 7. Neun Bälle fliegen gut. Schweigen. Der zehnte Ball ist schlecht getroffen und sofort kommt die Frage, was falsch gewesen sei. »Warum hast Du mich nicht gefragt, was neun Mal gut war?", lautete meine Antwort.

In anderen Bereichen mag unsere deutsche Perfektion ja hilfreich sein. Aber beim Golf steht sie uns oft im Weg. Die Frage, was denn jetzt richtig oder eben falsch sei, ist meist nicht zielführend. Ich finde es viel wichtiger, dass Du das, was Du machst, auch unter Druck wiederholen kannst. Selbst bei jedem Tourpro würde es mindestens einen Punkt geben, der nicht »gut« ist. Und trotzdem gewinnen diese Spieler Turniere auf allerhöchstem Niveau. Sie haben gelernt, immer das Gleiche zu tun und mit vermeintlichen optischen Unschönheiten zu leben.

Oft erlebe ich, dass Golfer richtig Stress haben, wenn Sie ein Turnier spielen. Sie kommen mit der Situation einfach nicht zurecht. Hier wäre es gut, den wahren Grund für den Stress zu kennen, denn Stress ist subjektiv. Immer! Auch wenn es schade für die Clubs ist, würde ich in solchen Situationen empfehlen, erstmal auf Turniere zu verzichten und sich über Privatrunden wieder Spaß und Sicherheit zu holen.

Wenn Du das Gefühl haben solltest, etwas nicht steuern zu können (und wenn es nur die eigenen Gedanken sind), dann ist es nicht sinnvoll Turniere zu spielen. Die Entscheidung liegt bei Dir. Nur solltest Du nie den Spaß aus den Augen verlieren.

Für die mentale Stärke ist es hilfreich, eine Routine vor jedem Schlag zu haben. Diese musst Du Dir durch ständige Wiederholung angewöhnen. Wenn Du nicht mehr nachdenkst, was Du vor einem Schlag machen musst, gibt Dir das Sicherheit und mehr Konstanz. Das hilft Dir, wenn es mal nicht so gut oder auch viel zu gut läuft. Ja, richtig gelesen. Wenn Du gerade den Schlag Deines Lebens gemacht hast, ist es genauso wichtig, sich beim nächsten Schlag wieder mit der gleichen Routine vorzubereiten. Die besten Spieler der Welt machen vor jedem Schlag immer das gleiche. Da muss also etwas dran sein. Ich sage gerne, dass konstantes Golf zu spielen im Grunde genommen langweilig ist. Und das meine ich nicht negativ!

Routine und Selbstsicherheit sind die Bausteine der mentalen Stärke. Wenn Du eine Entscheidung triffst und nicht an sie glaubst, folgt meistens kein guter Schlag. Daher hilft es auch, seine Schlaglängen zu kennen. Die kannst Du auch gerne für jeden Schläger auf einen Zettel schreiben, ihn einlaminieren und an den Trolley anbringen. Wenn Du nun vor jedem Schlag den Wind, das Gelände und die Witterung bei Deinen Überlegungen berücksichtigst, gibt Dir das mehr Sicherheit bei der Schlägerwahl.

Auch eine gute Vorbereitung ist wichtig, um negative Überraschungen zu vermeiden. Ist alles im Bag, was Du heute brauchen wirst? Genügend Bälle, Tees, Handschuhe, Taschentücher, Schirm, Regenkleidung, Essen und Trinken, Bleistifte, Edding*. Zeit und Ruhe sind auch nicht verkehrt.

Mental gut drauf zu sein, benötigt mindestens genauso viel Aufwand wie es dauert, eine Golfschwungtechnik zu automatisieren.

Eine Übung möchte ich Dir noch mitgeben: Versuche, auf der Driving Range jeden geschlagenen Ball zu beurteilen. Auf einer Skala von eins (sehr schlecht) bis zehn (sehr gut). Du wirst feststellen, dass die meisten Bälle, wenn Du kontrolliert schlägst, eine bessere Punktzahl bekommen werden. Wenn Du solche Schläge vermehrt auf dem Platz spielst, wird Dein Score davon profitieren. Und wenn es mal gar nicht klappt, dann hast Du einfach einen schlechten Tag gehabt. Das kann passieren. Auf dem Golfplatz, wie auch im richtigen Leben.

*Werbung (Markennennung)

5 Welchen Einfluss hat die mentale Einstellung auf mein Golfspiel?

https://vimeo.com/290590089/184f12edb8

Der mentale Aspekt ist beim Golf ein sehr großes Thema – und vor allem ein spannendes! Beim Golfspielen lernt man Menschen richtig gut kennen und wie sie wirklich ticken. Viele meiner Schüler meiden dieses, für sie unangenehme, Thema.

Sie denken, sie müssten sich sehr öffnen und in sich hineinschauen lassen. Aber darum geht es gar nicht. Mit der richtigen mentalen Einstellung wirst Du mehr Sicherheit bekommen und in schwierigen

Situationen auf dem Platz bestehen.

Alles fängt mit der Erwartungshaltung an. Die meisten Golfer haben viel zu hohe Ansprüche an ihr Spiel und damit an sich selbst. Sie überschätzen sich und unterschätzen das Golfspiel. Es ist wenig aufbauend, den zwanzigsten Schlag (der endlich gelungen ist) mit dem Eisen 7 auf der Matte der Driving Range als Maßstab zu nehmen und ihn mit einem Schlag auf dem Platz in nicht so guter Balllage zu vergleichen und vielleicht noch, wenn dabei ein Wasserhindernis überwunden werden muss.

Es ist von so großer Bedeutung, dass Du abwechslungsreich trainierst! Wechsle nach jedem Ball Deinen Schläger, ziele jedes Mal neu, gehe hinter den Ball,

nimm Dir Zeit. Diese Einmaligkeit beim Golf macht bei mir einen großen Teil des Reizes aus. Ich spiele dieses wundervolle Spiel seit 50 Jahren und merke genau das immer wieder. Manchmal stehe ich am Ball und merke, dass ich Gedanken im Kopf habe, die mir gar nicht helfen. Die Frage ist: Wie gehe ich damit um? In solchen Situationen, gehe ich noch mal vom Ball weg, stelle mich hinter den Ball und atme tief durch. Ich mache einen lockeren Probeschwung und fange noch mal mit meiner Pre-Shot-Routine an. Am meisten hilft mir dann eine »Jetzt erst Recht«-Einstellung: „Schluss jetzt! Ich schlage diese verdammte Kugel aufs Grün." Jeder kennt diese Momente, in denen etwas nicht stimmt. Aber anstatt zu schlagen, solltest Du

Dir dieses kleine Zeitfenster geben, um Dich zu sammeln und mit der richtigen Einstellung einen ordentlichen Schlag machen zu können.

Die besten Spieler der Welt nehmen sich teilweise extrem viel Zeit für die Schlagvorbereitung. Ich finde es beeindruckend, wie man ihre Überzeugung spürt.

Fang am besten schon auf dem Weg zum Golfplatz damit an, Dich auf die Runde oder das Training einzustellen. Vielleicht helfen Dir ja folgende Gedanken dabei:

- Heute ärgere ich mich nicht.

- Ich versuche ruhig zu schwingen.

- Ich werde nicht hektisch und lasse mich nicht treiben.

- Ich werde die Natur genießen.

- Ich stelle mir vor, wie ich einen guten Durchschwung ausführe.

- Dass ich Golf spielen darf, ist ein Privileg.

- Ich mache mir kein Handicap-Druck – das bringt nichts.

- Alle Mitspieler sind angenehm.

- Der Platz ist heute besonders gut.

Das sind nur ein paar Beispiele, die ich Dir als Anregung geben möchte, wie Du Dich mental positiv auf das Golfspiel vorbereiten könntest. Schreib die Punkte, die Dir einfallen und wichtig sind, am besten auf einen Zettel. Wenn Du ihn hinter die Sonnenblende im Auto klemmst, hast Du ihn direkt als Spickzettel dabei.

Die richtige mentale Einstellung »nur« für die Golfrunde zu finden, halte ich für ausgeschlossen. Wenn jemand 20 Stunden am Tag hektisch und immer im Stress ist, wie soll er dann eine ausgeglichene und ruhige Einstellung finden? Das positive Denken sollte nicht erst auf dem Golfplatz anfangen, sondern fester Bestandteil im Alltag sein.

Sich selbst unter Druck zu setzen, ist selten hilfreich. Ja, es ist richtig, Ziele zu haben. Nur sollten diese auch realistisch sein und Du solltest Dir genug Zeit geben, diese auch erreichen zu können. Viele Golfer setzen sich mit ihrem Handicap unter Druck und konzentrieren sich nur darauf, dass sie es unbedingt unterspielen wollen. Dabei wäre es viel hilfreicher, sich auf die Bereiche im Spiel zu konzentrieren, die nicht so gut sind und einen besseren Score nicht zulassen. An diesen Punkten zu arbeiten bringt Verbesserung – und nicht die Hoffnung darauf, dass es nächste Runde irgendwie besser wird.

Richtig gute Spieler zeichnet es aus, dass sie sich in Geduld geübt haben. Geduld ist einer der wichtigsten Punkte im Golf. Das gilt nicht nur für das Training, sondern vor allem für das Spielen auf dem Platz. Im Golf geht nichts schnell und das muss es auch gar nicht. Gönne Dir die Zeit, die Du brauchst.

6

Wie kann ich meine mentale Fitness steuern?

https://vimeo.com/290591387/36cf899559

Machst Du Dir Gedanken, was und wie viel Du auf einer Runde trinken und essen solltest? Bei einer vier- bis fünfstündigen Golfrunde – vielleicht noch bei großer Hitze – wirkt sich Deine Ernährung bzw. Verpflegung definitiv auf Dein Golfspiel aus.

Mit den richtigen Tipps kannst Du vor allem Deine Konzentration verbessern. Wichtig ist, dass Du kontinuierlich etwas zu Dir nimmst. Wenn Du merkst, dass Du Durst hast, ist es schon zu spät. Und eine Cola ist vielleicht auch nicht die erste Wahl. Mineralwasser oder isotonische Getränke sind ideal. Beim Tennis fällt es mir auf, dass sehr viele Spieler in den Pausen etwas Trinken und Essen (Banane, Müsli oder etwas anderes leicht Verdauliches). Beim Golfen sehe ich das komischerweise nicht so häufig. Wusstest Du, dass…

- … der Blutdruck und die Blutfettwerte auf einer Runde nach unten gehen?

- … bei einem Golfschlag von 434 Muskeln im menschlichen Körper mindestens 125 bewegt und auch noch koordiniert werden müssen?

- … die Pulsfrequenz Spitzenwerte von bis zu 150 Schläge pro Minute erreichen kann?

- … pro Runde der Netto-Gewichtsverlust zwischen 700 und 900 Gramm betragen kann? Und das sogar, wenn die Spieler mindestens 0,7 Liter (was zu wenig ist) getrunken und eine Banane gegessen haben!

- … die Sauerstoffaufnahme viermal höher ist als normal?

- … der Cholesterinspiegel nach der Runde um durchschnittlich 15% fällt?

- … Du auf einer Golfrunde bis zu 1.000 Kalorien verbrennst?

Mit diesen Fakten ist klar, warum es wirklich wichtig ist, den Körper richtig zu versorgen und zu pflegen. Wie oft erlebe ich, dass Golfer plötzlich müde werden und auf den letzten

Bahnen einen Leistungseinbruch erleben, weil sie nicht ausreichend (oder zu spät) Nährstoffe zu sich genommen haben. Du musst lernen, Dich zu organisieren und Deine Runde vorzubereiten.

Wenn Du entsprechend gerüstet bist, kannst Du Dir vornehmen, alle zwei Bahnen etwas zu Dir zu nehmen. Lass es ein Ritual werden. Das gehört genauso dazu wie eine Pre-Shot-Routine. Du wirst sehen, wie sich dieses Ritual positiv auf Deine Konstanz über 18-Löcher auswirken wird. Insbesondere für die Konzentration ist es zu spät, wenn Du erst dann etwas trinkst, wenn Du Durst hast. Mit Deinem neuen Ritual wärst Du schon mal einen Schritt weiter. Und bitte denke nicht, dass es gut wäre, sich vor der Runde den Bauch vollzuschlagen.

Schweres Essen und zwei Bier mit Alkohol helfen bestimmt nicht dabei, Dein bestes Golf abzurufen. Dein Körper ist dann nämlich mit der Verdauung beschäftigt. Eine gute Nachricht habe ich aber: Gegen ein alkoholfreies Weizen ist nichts einzuwenden. Im Gegenteil. Das Weizen wirkt isotonisch und enthält wichtige Stoffe und Elemente. Es gibt ja viele Golfer, die nichts trinken, weil sie Angst haben, ständig eine Toilette suchen zu müssen. Das sollte Dich aber nicht davon abhalten, Deinen Körper richtig zu versorgen. Gute Snacks auf der Runde sind zum Beispiel Beerenobst und Paranüsse. Damit die Konzentration konstant bleibt, muss auch Dein Gehirn versorgt werden. Wenn das richtig funktioniert, nennt man das mentale Fitness.

7 Wie besiege ich meine Nervosität beim ersten Abschlag?

https://vimeo.com/290592686/70bef62aba

Ich kenne keinen Golfer, der beim ersten Abschlag nicht nervös ist. Nervosität ist gut. Im gewissen Maß hilft sie uns, die Sinne zu schärfen. Allerdings sollte sie nicht in Panik ausarten. Das ist kontra-produktiv.

Dem ersten Abschlag wird viel zu große Bedeutung beigemessen. Der Durchschnittsgolfer spielt auf 18 Löchern etwa 100 Schläge. Dann macht der erste Abschlag gerade mal einen Prozent aus. Bist Du bei den restlichen 99%

Deiner Schläge etwa auch so nervös? Mit Sicherheit nicht.

Aus mentaler Sicht ist der erste Abschlag natürlich trotzdem wichtig. Mit einem positiven Gefühl in die Runde zu starten, kann viel Sicherheit geben. Und bestimmt kennst Du diese Sprüche wie: „Wenn der erste Abschlag nicht kommt, wird das nichts heute!". Da wundere ich mich immer wieder über die hellseherischen Fähigkeiten der Menschen. Erstaunlich, was so mancher alles aus einem einzigen Schlag ableiten kann. Das basiert auf einer falschen Herangehensweise: Es wird nicht die ganze Runde betrachtet, sondern alles wird an nur einem Schlag festgemacht. Mit dieser Einstellung sind gute Golfrunden selten. Schlechte Schläge gehören zum Golf dazu. Und das kann auch der erste sein!

Die Frage ist, was Du tun kannst, wenn Dich Deine Nervosität beim ersten Abschlag behindert.

Auf jeden Fall ist es nicht hilfreich, Dich in die Nervosität reinzusteigern. Zu denken: „Der muss jetzt klappen!", erzeugt unnötigen Druck. Es ist wichtig, worauf Du Dich beim Abschlag konzentrierst. Zu viele Schwunggedanken sind ebenfalls nicht hilfreich. „Was denken nur die anderen, wenn ich den Ball toppe?", gehört auch zu den Gedanken, die Dich kein Stück weiterbringen.

Hier kommt die Pre-Shot-Routine ins Spiel (siehe Kapitel 14). Wenn Du Dich auf das Zielen konzentrierst und Du Dich in Deinem Automatismus befindest, bleibt wenig Raum für störende Gedanken. Also: Auch wenn das Fairway noch so breit ist, suchst Du Dir ein Ziel. Gehe hinter den Ball, fixiere ein Zwischenziel auf dem Boden und versuche, den Ball auf dieser Startlinie loszuschicken. Damit konzentrierst Du Dich auf das Wesentliche und nicht auf die eventuelle Bedeutung eines ersten Abschlags.

Außerdem ist es hilfreich, sich auf einen Aspekt des Golfschwungs zu konzentrieren. Zum Beispiel nicht zu fest zu greifen, ruhig und ausgeglichen zu schwingen und keinen Längenrekord aufstellen zu wollen.

Auch die Schlägerwahl kann die Erfolgsquote des ersten Abschlages beeinflussen. Der Driver hat ja häufig das größte Slice-Potential. Und welcher Schläger wird auf dem ersten Tee gewählt? Natürlich. Der Driver. Ganz ehrlich: Das verstehe ich nicht. Die Chance, dass der Ball eventuell ein paar Meter weiter fliegen könnte als mit einem anderen Schläger ist wahrscheinlich so verlockend, dass der Score völlig in Vergessenheit gerät. Ich denke, dass ein kürzerer Schlag Mitte Fairway einem langen Schlag ins Aus vorzuziehen ist.

Und nicht zu vergessen: Gerade beim ersten Abschlag wäre ein Holz 5 vielleicht die bessere Wahl und ein guter Einstieg in die Runde. Du siehst, mancher Stress ist selbst gemacht und es gibt entspanntere Wege, gut ins Spiel zu kommen.

Auch der erste Abschlag ist nur ein Schlag. Du solltest ihn nicht überbewerten und erst recht nicht, wenn er Dir nicht gelungen sein sollte. Du hast noch eine Menge weiterer Schläge vor Dir und ob der 37te oder der erste Schlag ein Fehlschlag war, spielt wirklich keine Rolle. Abhaken! Weitermachen!

Du wirst an Stabilität gewinnen, wenn Du lernst, mit Fehlschlägen umzugehen. Das gilt nicht nur beim ersten Abschlag. Ärgern ist erlaubt. Aber nur kurz. Du kannst Dir zum Beispiel vornehmen, Dich zehn Schritte lang ärgern zu dürfen. Danach fängst Du an, Dich auf den kommenden Schlag vorzubereiten und falls der Ball nach Deinem Schlag noch an der gleichen Stelle liegen sollte, dann gehst Du einfach zehn Schritte zu Deinem Bag und sammelst Dich anschließend.

Aus meiner persönlichen Spielerfahrung kann ich sagen, dass ich oft meine besten Runden gespielt habe, wenn ich nicht so gut angefangen habe. Ich habe gelernt, mich dann noch mehr zu konzentrieren und weiterzuspielen, egal was kommt.

Zusammenfassend sehe ich vier Punkte für mehr Sicherheit beim ersten Abschlag:

1. Positive Schlägerwahl.

2. Ziel suchen, wo der Ball landen soll.

3. Routine finden, hinter den Ball gehen.

4. Rhythmus im Schwung haben.

8

Welche Vorteile bringt mir eine Rundenanalyse?

https://vimeo.com/290594104/28746b7749

Eine gute Rundenanalyse kann sehr dabei helfen, das Training effektiver zu gestalten. Leider machen die wenigsten Spieler eine solche Analyse. Vielleicht liegt es daran, dass es zu viele Tools auf dem Markt gibt, die nicht wirklich motivierend sind.

Viel wichtiger als ein bestimmtes Tool ist die Vorgehensweise bei der Auswertung. Ich konzentriere mich dabei auf folgende Fragen:

- Wieviele Abschläge sind auf dem Fairway gelandet?

- Wo sind die Abschläge gelandet, die das Fairway verfehlt haben (Hook- oder Slice-Tendenz)?

- Wie waren die Fairwayschläge?

- Wie viele Pitches habe ich gespielt?

- Wie viele Chips habe ich gespielt?

- Wie oft musste ich aus dem Bunker spielen?

- Wie viele Putts habe ich benötigt?

- Wie war ich emotional?

- Wie erfolgreich habe ich aus schwierigen Lagen gespielt?

- Was fehlt mir am meisten?

Mir ist klar, dass das ganz schön viele Fragen sind. Doch ich glaube, dass die Beantwortung nicht länger als fünf Minuten dauert. Im Vergleich zu einer Runde Golf ist das nicht wirklich viel, oder? Besonders wichtig finde ich, dass Du lernst, Deine Schlagtendenz zu erkennen. Ich höre oft: „Ich habe ständig Hooks und Slices geschlagen". Doch genau das ist äußerst unwahrscheinlich. Ein Hook und ein Slice haben zwei völlig unterschiedliche Schwungebenen. Mir ist noch kein Amateur-Golfer begegnet, der ungewollt mal einen Hook und mal einen Slice geschlagen hätte.

Eine Analyse des eigenen Spiels ist nicht einfach. Für eine konstante Verbesserung ist diese Analyse aber sehr wichtig. Oft fragen mich Schüler zu Beginn einer Golfstunde, was wir heute trainieren werden.

Diese Frage könnte ich viel einfacher beantworten, wenn eine Rundenanalyse vorliegen würde. Damit lassen sich sehr einfach Auffälligkeiten erkennen. Zum Beispiel, dass kein Pitch auf dem Grün landet oder immer zwei Schläge aus dem Bunker benötigt werden.

Auf den Profi-Touren werden alle möglichen Statistiken erstellt, die die verschiedensten Durchschnittswerte zeigen. Selbst die Pros sind dann überrascht, wenn sie erkennen, dass sie z.B. beim Putten gegenüber anderen Spielern viele Schläge verlieren und in der Rangliste weit hinten liegen. Den Fokus auf das Putt-Training zu legen, ist die logische Konsequenz. Doch wenn Du nicht zufällig auf der Tour spielen solltest, erstellt niemand diese Statistiken für Dich. Damit Du dennoch sinnvoll Deine Runden auswerten kannst, gibt es verschiedene Tracking-Systeme und Tracking-Apps ... oder ganz klassisch: Papier und Stift. Du kannst Dir zum Beispiel direkt auf Deiner Scorekarte pro Bahn folgende Notizen machen:

Ereignis	Notiz
Nach dem Abschlag	X = Fairway / Grün getroffen S = Slice(-Tendenz) H = Hook(-Tendenz)
Pitch aus <100 Metern	P
Chip aus <10 Metern	C
Bunkerschlag (Grün)	B
Benötigte Putts	z.B. „2"

Nach der Runde zählst Du zusammen und beantwortest die restlichen Fragen. Wenn Du ab Deiner nächsten Runde eine solche Analyse machst, kannst Du viel gezielter Dein nächstes Training gestalten oder Deine nächste Golfstunde angehen. Mit den richtigen Schwerpunkten in Deinem Training wirst Du schneller bessere Ergebnisse erzielen.

https://golfstun.de/wp-content/uploads/rundenanalyse.pdf

Lade Dir die Vorlage herunter und passe sie bei Bedarf an

9 Mit welchen Schlägern und Bällen sollte ich spielen?

https://vimeo.com/290596890/88eddfe16a

Bei der Ausrüstung höre ich immer wieder, dass es nicht so wichtig ist, mit welchen Schlägern oder Bällen gespielt wird. Oder im Gegenteil: Hauptsache der neueste Driver, egal ob er zu mir passt. Sicherlich trifft das nicht auf jeden Golfer zu, aber oft würden andere Schäfte, eine andere Gewichtsverteilung im Schlägerkopf oder auch andere Griffe sehr viel verbessern, ohne das anders geschwungen werden müsste. Das ist doch mal ein Deal! Ich kann jedem

Golfer empfehlen, ein Schlägerfitting auszuprobieren. Auch Dir! Du wirst dabei mehr über Dein eigenes Golfspiel lernen und sehen, welchen Einfluss das Material auf die Schlaglänge und die Ballflughöhe haben kann.

Der Lie des Schlägers kann an die Haltung angepasst werden

Im »schlechtesten« Fall wird beim Fitting herauskommen, dass Deine Schläger gut zur Dir passen. Das wäre ein tolles Ergebnis!

Bei den Profi-Turnieren sind immer einige Firmen mit großen Trucks vertreten. Darin befinden sich richtige Schläger-Werkstätten, in denen wild an Schlägerköpfen und Schäften herumgeschraubt wird. Die Profis nutzen dieses Angebot und suchen permanent nach Lösungen, um ihr Spiel einfacher zu machen.

Wenn Du noch nie ein Fitting gemacht hast (oder Dein letztes sehr lange zurück liegt), wirst Du Dich wundern, dass Schäfte und Schlägerköpfe in Sekunden gewechselt werden können. Das hat ein bisschen was von einem Boxenstopp in der Formel 1. Der Vorteil ist, dass Du sehr schnell die Unterschiede vergleichen kannst.

Nehmen wir mal die Hölzer. Hier mögen manche Golfer lieber flache Schlägerköpfe und andere wiederum dickere. Oder bei Rescue- bzw. Hybrid-Schlägern gibt es ja allein optisch sehr große Unterschiede, die man einfach mal testen sollte. Wie willst Du beurteilen, welcher Schläger Dir besser liegt, wenn Du es nicht ausprobierst?

Oft werden die Kosten eines Fittings (so auch bei uns im Golfclub St. Leon-Rot) mit dem eventuellen Kauf neuer Schläger verrechnet. Wenn das kein Angebot ist!

Du kannst trainieren, wie Du willst, wenn Du das Material unterschätzt, machst Du einen großen Fehler.

Fittingcenter

Kommen wir zu den Golfbällen.

Wenn ich einen Blick in Golftaschen von Amateuren werfe, sehe ich meist einen großen Blumenstrauß an Bällen. Das heißt, es sind alle Marken vertreten, die es so gibt. Harte Bälle, weiche Bälle, alle

GOLF CLUB ST. LEON-ROT

ZU GAST BEI FREUNDEN

Willkommen im Golf Club St. Leon-Rot, Ihrem Paradies, das Sie die Zeit vergessen lässt. Genießen Sie zwei Golfrunden auf einem der schönsten Golfplätze Deutschlands und entspannen Sie sich in einem unserer Partnerhotels.

Erleben Sie unsere exklusiven Arrangements und lassen Sie sich verwöhnen.

Unser Service Center informiert Sie gerne ausführlicher.
Tel. 0 62 27 / 86 08 - 300 | info@gc-slr.de

WIR FREUEN UNS AUF SIE!

GOLF CLUB ST. LEON-ROT
Opelstraße 30 | 68789 St. Leon-Rot | Germany | Phone: 0 62 27 / 86 08 - 0 | info@gc-slr.de | www.gc-slr.de

möglichen Farben, von neu bis total abgenutzt. Bei uns Profis gibt es das nicht. Bei unseren Turnieren gibt es die »One Ball« Regel. Das bedeutet, dass ich mich am Donnerstag entscheiden muss, mit welcher Ballart ich das Turnier bis Sonntagabend spielen möchte. Dann darf ich auch nur diesen Balltyp spielen. Bei den Amateuren gibt es diese Regel nicht. Da werden auch selbstgeangelte Bälle gespielt, die schon Jahre im Teich lagen.

Du möchtest sicherlich wissen, welche Ballmarke am weitesten fliegt. Ich behaupte, dass es da keine großen Unterschiede gibt. Die Schlaglänge mag ein paar wenige Meter ausmachen. Die sind für einen besseren Score aber nicht entscheidend. Im Gegensatz zu den Unterschieden im kurzen Spiel,

besonders beim Putten. Wenn Du beim Putten immer den gleichen Ball spielen würdest, könntest Du ein wesentlich besseres Gefühl dafür entwickeln, wie weit der Ball rollt und wie er auf dem Grün reagiert. Mit diesem Gefühl sparst Du Schläge! Es macht einen großen Unterscheid, ob der Ball von der Schlagfläche des Putters springt oder ob er langsamer losrollt.

Wahrscheinlich weißt Du, wie groß das Einsparpotential von Schlägen beim Putten ist. Ein besseres Gefühl dafür, wie sich der Ball verhält, wird Dir helfen, erfolgreicher zu putten. Dieses Gefühl hat nichts mit dem Handicap zu tun. Wenn ich Dir drei unterschiedliche Bälle auf das Grün lege, wirst auch Du den Unterschied spüren. Den spürt jeder!

Ich spiele mit »Srixon AD 333 Tour«* Bällen und fühle mich mit ihnen sehr gut. Auch Du solltest Dich für ein Modell entscheiden.

Probieren geht über studieren! Es gibt übrigens mittlerweile auch Golfball-Fittings. Da wirst Du bei der Auswahl des passenden Balles kompetent beraten.

Ach ja ... Noch ein Tipp für den Platz: Markiere Deine Bälle mit einem Edding*. Das spart etliche Diskussionen, wem welcher Ball gehört.

*Werbung (Markennennung)

10 Wie wärme ich mich sinnvoll auf?

Warum denken die meisten Golfer, dass Bälle schlagen gut zum Aufwärmen ist? Ehrlich gesagt, ich weiß es nicht.

Ich kenne viele Golfer, die vor jeder Runde Schmerzmittel nehmen. Hoffentlich wirst Du nicht auch eines Tages dazu gehören!

In jeder anderen Sportart ist zumindest das Bewusstsein vorhanden, dass der Körper auf die Bewegungen vorbereitet werden sollte. Durch ein gezieltes Aufwärmprogramm, wird die Beweglichkeit verbessert. Das schont die Sehnen und Bänder und für die Muskeln ist es auch nicht verkehrt. Und als Golfer beugst Du nicht nur Verletzungen vor, sondern wirst Deine Bälle weiter und konstanter schlagen. Gerade die Wiederholbarkeit des Schwungs ist eine riesige Herausforderung für jeden Hobbygolfer. Dafür reicht es eben nicht aus, einfach nur ein paar Bälle zu schlagen.

Doch was machst Du idealerweise zum Aufwärmen, wenn Du auf der Golfanlage ankommst? Ich habe Dir in diesem Kapitel sechs Übungen zusammengestellt, die schon mal ein sinnvoller Einstieg wären. Und keine Sorge, mehr als fünf bis zehn Minuten musst Du nicht investieren. Ich denke, das sollte auch für Dich machbar sein.

Wieso nicht einfach direkt Bälle schlagen? Spieler, die den Ball sehr weit schlagen können, produzieren eine enorme Körperspannung im Rückschwung. Das generiert Kraft. Gleichzeitig ist eine hohe Beweglichkeit gefordert. Eine zentrale Rolle spielen Rumpf und Rücken. Hast Du die Kraft und gleichzeitig die Flexibilität, diese entsprechend einzusetzen? Wahrscheinlich eher nicht.

Doch wie willst Du diese aufbauen, wenn Du vielleicht sogar den halben Tag im Büro sitzt? Die hier gezeigten Übungen sind zumindest ein erster Einstieg, um die Rotation Deines Körpers zu verbessern, indem Du ihn gezielt aufwärmst.

Die gewonnene Stabilität ist eine sehr gute Grundlage, ein paar Schläge zu sparen. Wenn Du diese Übungen jedes Mal ausführst, bevor Du auf den Golfplatz gehst – und das über einen längeren Zeitraum – wirst Du feststellen, wie gut das Deinem Körper tut. Genieße Dein neu gewonnenes Körperbewusstsein im Golfschwung!

- - - - - - - - - - - - - - - - - -

TIPP: Hier findest Du ein kostenloses E-Book von GOLFSTUN.DE mit weiteren Übungen zum Aufwärmen: https://golfstun.de/gratis-ebook-aufwaermen/

- - - - - - - - - - - - - - - - - -

Schulterdrehung mit Schläger

https://vimeo.com/290731982/baf4f5686d

Schnapp Dir Deinen Driver (oder einen anderen langen Schläger), lege ihn hinter die Schultern und greife ihn mit beiden Händen. Nimm jetzt die Ansprechhaltung ein und fang an, langsam Deine Schultern von der einen zur anderen Seite zu drehen. In der jeweiligen Endposition sollte das Ende Deines Schlägers in Richtung Boden zeigen.

Diese Aufwärmübung bereitet Dich optimal auf die Bewegung des Golfschwungs vor.

Seitliche Muskelstrecker

https://vimeo.com/290732688/4de30b6d4e

Als zweites sind die seitlichen Muskelstrecker dran: Stell Deine Füße über Kreuz zusammen (der rechte Fuß ist vorne). Den Driver müsstest Du noch von der ersten Übung in den Händen halten – strecke beide Arme nach oben, sodass der Driver waagerecht über Deinem Kopf ist. Kippe jetzt Deinen Oberkörper ganz langsam (die Arme zeigen weiterhin gestreckt nach oben) nach links. Du wirst ganz schnell merken, wie es in der Seite zu ziehen anfängt. Arbeite ohne Schwung und versuche, einen Moment in der Position zu bleiben.

Jetzt tauschst Du die Position Deiner Füße und kippst zur anderen Seite.

Wirbelsäulenstreckung

https://vimeo.com/290733269/d4a636c69b

Im Golfschwung rotiert Dein Oberköper um Deine Wirbelsäule herum. Damit diese vor dem Schwung richtig gestreckt wird, nimmst Du wieder Deinen Driver und stellst das Griffende auf den Boden. Deine beiden Hände legst Du oben auf den Schlägerkopf. Stell Dich etwa anderthalb bis zwei Schritte vom Schläger entfernt hin. Deine Beine sind gestreckt und Du beugst Deinen Oberkörper nach vorne. Wichtig ist, dass Du keine Wippbewegung machst. Es geht nur darum, die Wirbelsäule zu strecken. Das geht am besten, wenn Du einen Moment in dieser Position bleibst.

Handgelenke dehnen

https://vimeo.com/291061343/4720e0b07b

Jetzt kannst Du den Schläger beiseite legen und Deine Handgelenke dehnen. Flexible Handgelenke sind im Golfschwung sehr wichtig. Denn steife Handgelenke verringern die Schlägerkopfgeschwindigkeit und Du büßt damit Weite ein. Strecke einen Arm nach vorne aus und winkle Deine Hand so an, dass die Fingerspitzen nach oben zeigen. Mit der anderen Hand ziehst Du Deine gestreckten Finger leicht nach hinten. Drehe Deine Hand um, so dass die Finger nach unten zeigen und wiederhole das Ganze. Anschließend ist das andere Handgelenk an der Reihe.

Schultern und Brustbereich dehnen

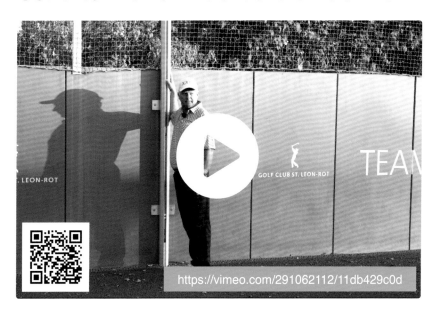

https://vimeo.com/291062112/11db429c0d

Wenn Du viel im Sitzen arbeitest, wird Dein Schultergürtel sehr unbeweglich sein. Für einen sauberen Golfschwung ist es wichtig, dass der Schulter- und Brustbereich gedehnt ist. Suche Dir auf der Driving Range einen Pfosten, an dem Du folgende Übung machen kannst: Lege Deinen Unterarm an den Pfosten, sodass Dein Oberarm im rechten Winkel vom Körper absteht. Stehe aufrecht und drehe langsam Deinen Oberkörper vom angelegten Unterarm weg. Merkst Du das Ziehen?

Halte die Position ein paar Sekunden und wiederhole die Übung mit der anderen Seite.

Mit zwei Schlägern schwingen

https://vimeo.com/291062749/3b01dc0d45

Für die letzte Übung nimmst Du Dir zwei Schläger (zum Beispiel ein Eisen 7 und ein Eisen 8). Greife beide Schläger gleichzeitig und mache volle Schwünge ... ohne Ball! Schwinge dabei deutlich langsamer als normal. Nach ein paar Wiederholungen kannst Du das Tempo erhöhen. Diese Übung eignet sich auch bestens, wenn Du am Abschlag stehst und noch ein paar Minuten warten musst, bis es losgeht.

Und? Hat doch gar nicht lange gedauert, oder?

Hier spielt die Musik.

SAP ist Principal Sponsor der Elbphilharmonie Hamburg, eines der technologisch fortschrittlichsten Konzerthäuser Europas. Mehr unter **sap.de/sponsoring**

THE BEST RUN **SAP**

11 Wie kann ich Schmerzen vorbeugen?

https://vimeo.com/291063989/8f6937c611

Ich bin der Meinung, dass man sich durch das Golfspielen keine großartigen Verletzungen holen kann – es sei denn Du bist schon vorbelastet. Aber man muss es auch nicht herausfordern. Es ist auf jeden Fall nicht verkehrt, bei potentiellen Bedenken eine sportärztliche Untersuchung zu machen. Das hilft Dir, auf eventuelle Blessuren und körperliche Probleme reagieren zu können. Das größte (körperliche) Handicap der meisten Golfer ist der Rücken.

Kein Wunder: In der heutigen Zeit verbringen wir immer mehr Tätigkeiten im Sitzen. Lange Autofahrten und Büroarbeiten bei verkrümmter Haltung lassen die Muskulatur immer fester werden. Und um eine krumme Wirbelsäule schwingt es sich einfach nicht rund. Zudem können auch Handgelenke, Bänder und Sehnen Probleme machen.

Was kann man tun? Wenn Du bereits Schmerzen hast, ist es für eine Prävention zu spät. Gehe unbedingt zu einer sportärztlichen Untersuchung, um die Defizite zu kennen. Es macht ja auch keinen Sinn, wenn Du im Training die falschen Schwerpunkte setzt. Sei fair zu Deinem Körper!

Es gibt Schwünge, die sind rückenschonend und es gibt welche, die Deinen Körper extrem belasten. Vermeide auf jeden Fall eine C-Haltung im Schwung. Mehr dazu findest Du im Kapitel 19.

Auf manchen Driving Ranges gibt es sehr harte Abschlagmatten – und das teilweise im ganzen Jahr, weil es keine Rasenabschläge gibt. Das führt häufig zu Schmerzen im Ellbogen und den Handgelenken. Im schlimmsten Fall sogar bis in den Rücken. Dann empfehle ich, weniger Bälle zu schlagen (siehe Kapitel 14) und mehr vom Tee zu spielen. Damit eliminierst Du den Rückstoß beim Schlagen und vermeidest Schmerzen.

Zum Einschwingen vor der Runde reichen auch Schläge am Pitching Grün, wo Du vom Rasen spielen kannst. Für das

Ballgefühl ist das meist eh besser.

Wenn Du gut Golf spielen und konstanter schwingen möchtest, solltest Du sowieso Fitnessübungen in Dein Training einbauen. Dafür musst Du nicht ins Fitnessstudio gehen, sondern kannst auch zu Hause sinnvoll trainieren.

Ich empfehle eine Fitnessmatte, ein Theraband und einen großen Gymnastikball. Damit kannst Du sehr viele Übungen für mehr Stabilität, Kraft und Beweglichkeit absolvieren.

Nach ein paar Wochen Training wirst Du schnell Erfolge feststellen. Probiere es am besten einfach aus und lass Dich von den positiven Ergebnissen überraschen.

Weiterführende Inhalte von GOLFSTUN.DE

Einstieg »Athletiktraining«

https://golfstun.de/athletiktraining-fuer-golfer-einfuehrung/

Übungen gegen Rückenschmerzen

https://golfstun.de/rueckenschmerzen-golfschwung/

12 Wie bereite ich mich ideal auf ein Turnier vor?

https://vimeo.com/291066025/9d83c0b1ed

Das ist eine berechtigte und sehr oft gestellte Frage, für die es nicht DIE Antwort gibt. Wie so oft, ist auch die ideale Turniervorbereitung ein sehr individuelles Thema. Eine Sache hat eine gute Turniervorbereitung aber gemein: Sie ist immer gleich. Es ist überhaupt nicht gut, vor einem Turnier etwas komplett anders zu machen als sonst. Wenn Du zum Beispiel vor einer Runde ungerne viele Bälle auf der Range schlägst, solltest Du vor einem Turnier nicht damit anfangen.

Mir persönlich tut es gut, wenn ich mich etwa 45 Minuten vorbereite. Nach dem Aufwärmen fange ich mit ein paar Bällen auf der Driving Range an, um ein Gefühl für meinen Körper zu entwickeln und um festzustellen, wie mein Rhythmus heute ist. Dabei ist es völlig egal, ob ich jeden Ball gut treffe. Es geht nur darum, ein Tagesgefühl zu bekommen.
Mach nicht den Fehler und denke, dass die Qualität Deiner Schläge auf der Driving Range sich auf Dein Turnier übertragen wird. Gute Treffer führen meist zu hohen Erwartungen und schlechte Treffer würden das Selbstvertrauen in Mitleidenschaft ziehen.
Konzentriere Dich nur auf Dein Körpergefühl.

Anschließend spiele ich einige Pitches und mache noch ein paar Bunkerschläge ohne zu große Zielsetzung. Am Schluss sind Putts sehr wichtig. Besonders lange Putts. Das gibt mir ein Gefühl für das Grün und die Längendosierung.

Dann eventuell noch mal kurz aufs Örtchen, etwas trinken und rechtzeitig am ersten Abschlag erscheinen.

Mit dieser Routine gehe ich ausgeglichen in die Runde.

Welche Vorbereitung für Dich richtig und optimal wäre, solltest Du Dir unbedingt vor dem Turnier überlegen. Du musst es dann schlichtweg ausprobieren, denn am Ende muss es zu Dir passen.

Ein ganz wichtiger Punkt ist, rechtzeitig auf dem Gelände zu sein und alles vorzubereiten, was für die Runde wichtig sein wird: Eine komplette Ausrüstung, etwas zu essen und zu trinken. Ich finde es immer schrecklich, wenn Leute komplett unvorbereitet losgehen und dann noch große Erwartungen haben. Wobei es natürlich Typen gibt, die einfach so sind und bei denen genau das funktioniert. In diesem Fall bitte nichts ändern!

Egal, wie die Vorbereitung aussieht, es ist wichtig, dass Du nicht zu viel bewertest. Du kannst Deine Vorbereitungsschläge nicht für die folgende Golfrunde einfrieren. Sehr wohl kannst Du aber mit einem positiven Gefühl in die Runde gehen. Wenn, dann konzentriere Dich höchstens auf die positiven Dinge.

Auf einer Turnierrunde lauern viele Überraschungen. Das muss ich Dir nicht erzählen, schließlich warst Du schon mal auf dem Golfplatz. Ein Golfplatz besteht aus unendlich vielen Herausforderungen und Du musst dauernd situative Antworten finden. Statt Dich vor der Runde auf Deine Golfschwungtechnik zu konzentrieren, kannst Du auch versuchen, spielerisch an die Sache heranzugehen. Trainiere ein paar Troubleshots und spiele flache Bälle, Lob-Shots, Bälle aus dem Rough. Mach ganz ruhige Schwünge, tee hoch oder sehr niedrig auf oder schwinge mit nur einem Arm. Probiere einfach mal verschiedene Möglichkeiten aus und finde heraus, welche Vorbereitung zu Dir passt.

13 Müssen Frauen anders schwingen als Männer?

https://vimeo.com/291067098/dc15824820

»Nein«. Damit dieses Kapitel nicht schon zu Ende ist, begründe ich auch meine Antwort. Denn ich bin mir sicher, dass diese Frage am kontroversesten diskutiert wird. Wir wissen alle, dass Frauen in der Regel die Bälle nicht so hart wie Männer schlagen. Frauen schwingen meist nicht so schnell und haben dadurch in schwierigen Lagen (z.B. Rough) mehr Probleme, sich zu befreien. Männer haben hier Vorteile, da es bei Schlägen im Rough auch um Kraft geht, wenn man steil von oben in das dicke Gras schwingt. Doch deswegen müssen Frauen nicht anders schwingen!

Frauen sind meist sehr viel flexibler als Männer und können sich oft gewaltig verdrehen (siehe Kapitel 20). Da tun wir Männer uns doch eher schwer. Männer können oft viel mit ihrer Kraft in den Armen ausgleichen.

Das sieht dann nicht unbedingt schön aus.

Zu diskutieren, was nun vorteilhafter ist, wäre müßig. Alle Basispunkte wie Griff, Stand, Haltung sowie Aushol- und Durchschwungbewegung sind identisch! Da Frauen weniger Kraft haben, müssen sie einfach »sauberer« schwingen und im

Einsatz der Arme ohne Spannung

Weniger Drehung, mehr Spannung

Rückschwung auf ihre Spannung achten. Weniger Hüftdrehung bedeutet mehr Energie für den Treffmoment.

Frauen fällt es auch leichter, den linken Arm im höchsten Punkt des Rückschwungs zu strecken. Das wiederum führt zu einem größeren Hebel und dieser ermöglicht mehr Weite.

Bei Frauen, die einen großen Busen haben, wird es immer etwas schwieriger sein, im Abschwung flach zu schwingen. Denn hierfür müssten die Arme eng am Körper herunterschwingen. Allerdings geht es Männern mit einem großen Bauch ähnlich. Jeder Golfer muss sich mit seinen physischen Gegebenheiten arrangieren. In diesem Fall muss man akzeptieren, dass ein

bisschen steiler in den Ball geschwungen werden muss.

Oft spielen Frauen sehr gerne mit ihren Hölzern und mögen keine Eisen. Vor allem nicht die langen. Heutzutage kann man das mit Hybrid-Schlägern (Rescue) sehr gut ausgleichen. Die gibt es sogar mit bis zu 34 Grad Loft.

Die viel größere Baustelle ist meist das kurze Spiel. Hier liegt in meiner Erfahrung das größte Verbesserungspotential. Insbesondere bei Bunkerschlägen und beim Putten. Ein Fokus auf das kurze Spiel im Training spart viel mehr Schläge als beispielsweise 10 Meter mehr Schlaglänge. Ich kann Frauen nur empfehlen, mehr Zeit für das kurze Spiel zu investieren, aber es sind ja auch meist nur die Männer, die sich nur für die Länge ihrer Schläge interessieren.

Noch mal zurück zur Ausgangsfrage: Wenn man Kraft und Tempo außen vor lässt, schwingen Männer und Frauen ziemlich gleich.

14 Wie kann ich besser zielen?

https://vimeo.com/291069537/39cbf61b04

Auf dem Platz kenne ich kaum einen Spieler, der sich nicht hinter den Ball stellt, um ein Ziel anzuvisieren. Doch im Training machen genau das die wenigsten! Der Eimer auf der Driving Range wird ausgekippt und ein Ball wird nach dem anderen geschlagen – natürlich ohne sich dabei ein neues Ziel zu suchen und sich neu auszurichten. Wenn Du Deine Zielgenauigkeit verbessern möchtest, ist es wichtig, dass Du Dir vor jedem Schlag ein anderes Ziel suchst. Durch den

Einsatz von Hilfsmitteln kannst Du dabei Deinen Blick für die richtige Ausrichtung trainieren. Auch Weltklassespieler legen sich einen Alignment Stick oder einen Schläger zwischen die Füße und den Ball, um dann immer parallel zur Linie zu stehen.

Probiere mal auf der Driving Range ein Ziel anzuspielen, das nicht in der Flucht der Abschlagsmatte oder den Abschlagsmarkierungen ist.

Intuitiv erfolgt die Ausrichtung entlang der Matte oder Markierungen

Meine Erfahrung mit meinen Schülern zeigt mir, dass diese Aufgabe alles anderes als einfach ist! Auf dem Platz ist das nicht anders. Liegt der Ball beispielsweise ganz rechts auf dem Fairway, tun sich viele damit schwer, den Ball wieder quer nach links auf das Fairway zu spielen. Der Schlag wird als „schief" empfunden: Ausrichtung und teilweise auch die Schwungebene kommen völlig durcheinander.

Solltest Du zum Beispiel unbewusst immer zu weit rechts am Ziel vorbei zielen, musst Du im Schwung diese falsche Ausrichtung durch Ausgleichsbewegungen kompensieren, um doch in Richtung Ziel zu schlagen. Das bedeutet, dass Du den ganzen Körper rumreißen musst. Das führt zur einer starken Belastung des Rückens und produziert auch noch Pull- oder Slice-Schläge. Wird die Ausrichtung und das korrekte Zielen nicht trainiert, wird immer wieder aus dem Oberkörper rumgedreht und die Wirbelsäule unnötig verwringt.

Setze Deine Energie lieber sinnvoller ein.

Ich schlage sehr gerne Bälle auf der Range. Dabei schlage ich aber nicht ziellos einen Eimer nach dem anderen leer – ich suche mir vor jedem Schlag ein anderes Ziel und simuliere damit Situationen auf dem Platz. Das Ziel kann eine Fahne, ein Entfernungsschild oder ein Baum sein. Richte Dich dabei vor jedem Schlag neu aus. Und vergiss nicht, dabei alle Schritte für eine korrekte Ausrichtung durchzuführen:

1. Stell Dich hinter den Ball.

2. Visiere Dein Ziel an und suche Dir einen Fixpunkt am Horizont, der hinter Deinem Ziel liegt. Versuche, Dir dabei eine Ziellinie vom Ball zum Fixpunkt vorzustellen.

3. Such Dir auf der Ziellinie ein Zwischenziel, das etwa 30 Zentimeter hinter dem Ball liegt. Und merke Dir dieses.

4. Stell Dich an den Ball und richte Deine Schlagfläche zum Zwischenziel aus.

5. Richte Deinen rechten Fuß und dann den linken Fuß parallel zur Ziellinie aus.

Trainiere diese Vorgehensweise vor jedem Schlag. Das bringt Routine und Du entwickelst einen Blick für die richtige Ausrichtung.

Alignment Sticks helfen, die korrekte Ausrichtung zu trainieren

Zur optischen Unterstützung ist es dabei sehr sinnvoll, Alignment Sticks oder einen Schläger parallel zur Ziellinie auf den Boden zu legen.

Nach ein paar Trainingseinheiten wirst Du Dich auf dem Platz dann automatisch besser ausrichten.

15 Wie stelle ich mich am besten zum Ball?

https://vimeo.com/291070763/cb4cff3890

Wo sollte der Ball eigentlich liegen bzw. wie sollte ich mich zum Ball hinstellen? Laut Lehrbuch gibt es eine »ideale« Position. Doch wer hat schon einen idealen Schwung? Dementsprechend kann es im Einzelfall sinnvoll sein, von der Norm abzuweichen. Es gibt also kein »richtig« oder »falsch«, sondern »einfach« oder »schwierig« … ich werde versuchen, ein wenig Licht ins Dunkel zu bringen. Auf dem folgenden Bild siehst Du, wie sich die Ballposition in

Abhängigkeit des Schlägers verändern sollte. Beim Pitching Wedge liegt er mittig im Stand, beim Driver an der Innenseite des linken Fußes.

Beim Pitching Wedge (links) liegt der Ball mittig, beim Driver (rechts) an der Innenseite des linken Fußes

Das hat etwas mit der Länge des Schaftes und natürlich mit dem Schläger selbst zu tun. Beim Driver wird der Ball in der Aufwärtsbewegung vom Tee geschlagen, beim Pitching Wedge triffst Du den Ball in der Abwärtsbewegung.

Auf den folgenden Bildern siehst Du auch die unterschiedliche Stellung der Hände in der Ansprechhaltung. Beim Driver sind sie hinter, beim Pitching Wedge vor dem Ball.

Die Art des Schlages erfordert unterschiedliche Ballpositionen.

Doch beim Golf ist nichts in Stein gemeißelt. Vielmehr geht es darum, für jeden Einzelnen den einfachsten Weg zu finden, mit viel Freude gutes Golf zu spielen.

Mach es Dir nicht unnötig kompliziert, indem Du Sachen machst, die nicht zu Dir passen. Ich habe schon Schüler erlebt, die den Ball mit dem Driver viel besser getroffen haben, wenn der Ball mittig positioniert war. Es fiel ihnen damit einfacher, mit dem Oberkörper im Treffmoment hinter dem Ball zu bleiben und somit zunächst einmal einen Ballflug zu erzielen. Sei also bereit, etwas Neues auszuprobieren – auch wenn es im ersten Moment verrückt erscheint.

Die Golfbewegung und ihre körperlichen Voraussetzungen erfordern individuelle Anpassungen. Das ist zumindest meine Meinung und Erfahrung über viele Jahre Golfunterricht mit zig tausend Schülern.

Anfängern möchte ich es natürlich »richtig« beibringen. Doch wenn »richtig« nicht funktioniert, ist keinem geholfen. Letztendlich geht es darum, einen Weg zu finden, der wiederholbar ist und sich gut anfühlt.

Experimentiere mit verschiedenen Ballpositionen und finde heraus, welche für Dich am besten funktioniert.

16 Wie sollte ich greifen?

https://vimeo.com/291072887/b14d3df36f

Ich schreibe bewusst nicht »richtig greifen«, denn es gibt viele gut funktionierende Möglichkeiten, einen Golfschläger zu greifen. Selbst ein Superpro wie Bernhard Langer greift nach der reinen Lehre den Schläger nicht optimal: Er hatte schon immer einen starken Griff (Hook-Griff) und muss das im Schwung mit dem Körper kompensieren. Sonst würden seine Bälle zu weit nach links fliegen.

Grundsätzlich gibt es drei Arten, den Schläger zu greifen.

1. Vardon-Griff (Overlapping-Griff)

2. Interlocking-Griff

3. Zehnfinger-Griff (Baseball-Griff)

Für die meisten Golfer ist der Vardon-Griff empfehlenswert. Bei besonders kleinen Händen bringt der Interlocking-Griff mehr Halt. Der Zehnfinger-Griff ist meistens für Kinder ratsam, die mit dem Golfspielen anfangen.

Ergänzend zur Griffart, gibt es noch die Griffweise. Hier unterscheiden wir zwischen einem neutralen, einem schwachen und einem starken Griff. Das hat nichts damit zu tun, wie fest der Druck der Hände ist, sondern wie stark oder schwach die Hände um den Griff herumgreifen.

Ich empfehle, einen neutralen Griff zu erlernen, um nicht im Schwung extreme Ausgleichsbewegungen machen zu müssen – auch wenn

Bernhard Langer das super hinbekommt.

Ein schlechter (im Sinne von: für Dich unpassender) Griff kann große Anforderungen an Deine Koordination stellen. Und dafür müsstest Du sehr viel trainieren. Vor allen, wenn Dir das auch unter Druck gelingen soll.

Ein starker (links), ein neutraler (Mitte) und ein schwacher Griff (rechts)

Mach Dir das Leben nicht unnötig schwer!

Aus meiner Erfahrung ist mir durchaus bewusst, dass die wenigsten gerne ihren Griff verändern möchten. Manche Golfer kommen sogar mit der Aussage »… aber bitte nicht den Griff verändern!« in den Unterricht. Wahrscheinlich auf Grund schlechter Erfahrungen.

Doch manche Griffverbesserungen sind relativ einfach. Und letztendlich ist es auch immer eine Frage, wie Du an die Sache rangehst. Wenn Du ein ehrgeiziger Turnierspieler sein solltest, würde ich das nicht unbedingt mitten in der Saison angehen. Am besten eignet sich die Winterzeit, um an Verbesserungen Deines Golfgriffes zu arbeiten, denn das kannst Du auch prima zu Hause trainieren! Greife einfach jeden Tag ein paar Minuten Deinen Schläger. Da Du das ohne Bälle und Schwung machen kannst, geht das sogar beim Fernsehen oder Netflix* gucken. Es gibt sogar speziell vorgeformte Trainingsgriffe, mit denen Du ein besseres Gefühl für einen neutralen Griff bekommst.

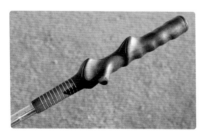

Vorgeformter Trainingsgriff

Kleine Änderung große Wirkung! Mit einer so kleinen Anpassung wie dem Griff, kannst Du viel freier schwingen. Damit meine ich speziell den Durchschwung. Wenn Du das Gefühl hast, Dein Schwung sei irgendwie hakelig, probiere es mit einem neutralen Griff. Ich habe es schon so oft erlebt, dass meine Schüler erstaunt waren, wie »schön rund« sich die Schwungbewegung – vor allem im Durchschwung – auf einmal anfühlen kann.

Also: Nichts wie ran! Zum Golf gehört Konsequenz. Sechs Wochen solltest Du einplanen, bis Dein neuer Griff in Fleisch und Blut übergangen ist.

*Werbung (Markennennung)

17 Muss ich den Kopf unten halten?

https://vimeo.com/291074214/8390d04ed1

»Du musst den Kopf immer unten halten!« Das ist wohl einer der unsinnigsten Sprüche im Golf, den ich kenne – und leider auch einer, den ich auf Golfplätzen am häufigsten höre! Rein anatomisch gesehen, befindet sich der Kopf oben. Und da soll er auch bleiben!

Niemand will sich so verbiegen, dass er in eine solch verkrümmte Haltung kommt. Auch aus medizinischer Sicht kannst Du Deine Wirbelsäule im

Golfschwung kaum stärker belasten.

Möchten Du so aussehen?

Kopf unten, krummer Rücken

Und das alles auf Grund eines Übersetzungsfehlers! »Keep your head behind the ball« heißt nämlich nicht, dass der Kopf unten bleiben soll. Es geht um den Treffmoment. Zum Beispiel bei Annika Sörestam, eine der besten Golferinnen aller Zeiten: Sie nimmt ihren Kopf schon vor dem Treffmoment mit nach vorn, damit ihre ganze linke Körperseite sehr intensiv durch den Ball drehen kann, um noch kraftvoller durchschwingen zu können. Diese Position kannst Du bei allen Weltklassespielern beobachten.

Wenn Du einen freien, effektiven Golfschwung ausführen möchtest, sollte der Kopf oben bleiben und das Brustbein offen. Das erleichtert eine volle Körperdrehung und bringt mehr Energie in den Schwung. Der Kopf sollte so gut es geht an der gleichen Stelle bleiben – aber auf gar keinen Fall nach unten gehen!

Mir ist klar, dass solche Mythen wie »Lass den Kopf unten!« bei gewissen Fehlhaltungen im

Schwung sogar helfen können. Das ist aber keine systematische Verbesserung und hat mit der eigentlichen Intention meist wenig zu tun. Beispiel: Ein klassischer Schwungfehler ist, dass der Schläger im Abschwung zu steil in den Ball kommt. Damit der Schlag nicht in den Boden geht, erfolgt meist automatisch eine Ausgleichsbewegung: Das Aufrichten des Körpers verschiebt den Eintreffpunkt in Richtung Ball. Leider lässt sich solch eine Ausgleichsbewegung so gut wie gar nicht kontrollieren. Das führt dazu, dass der Ball bei starkem Aufrichten auch mal getoppt wird.

Resümee: Der Kopf bleibt auf der gleichen Höhe während des Schwunges!

»Lass den Kopf unten!« ist hier wenig hilfreich. Es muss an der Schwungebene und einem flacheren Abschwung gearbeitet werden.

18 Welche Rolle spielt der linke Arm im Rückschwung?

https://vimeo.com/291075794/befa1e58d9

Die Haltung des linken Arms im Rückschwung ist ein sehr wichtiger Faktor für einen guten Golfschwung. Allerdings für viele Golfer auch extrem schwierig zu kontrollieren. Für mich ist der linke Arm im Rückschwung sogar einer der wichtigsten Kontrollpunkte für einen sicheren und wiederholbaren Golfschwung – vor allem, wenn man unter Druck ist. Gute physische Voraussetzungen sind hierfür erforderlich.

Schau Dir die Rückschwünge von Tour-Pros wie Dustin Johnson oder Rory McIlroy an. Es ist beeindruckend, wie diese Spieler es schaffen, so weit aufzudrehen und gleichzeitig den linken Arm so gerade zu halten. Versuche selber mal mit einem Probeschwung, wie weit Du ausholen kannst, ohne dass sich der linke Arm beugt. Du wirst merken, dass das nicht allzu weit ist. Das Defizit ist Flexibilität im Schulter- und Armbereich – bei muskulösen Menschen ist das besonders ausgeprägt.

Die Tour-Pros trainieren nicht nur Kraft, sondern auch ihre Beweglichkeit, damit sie den linken Arm im Rückschwung so gerade halten können. Ein Punkt, an dem Du gezielt arbeiten kannst. Doch keine Sorge, falls Du Deinen Arm einfach nicht gerade bekommst, kannst Du dennoch gutes Golf spielen. Es gilt nur, ein paar Punkte zu beachten.

Eingebeugter Arm im Rückschwung

Den besten Effekt wirst Du erzielen, wenn Du bereits in der Ansprechhaltung Deinen linken Arm streckst und versuchst, diese Streckung so lang wie möglich im Schwung zu halten. Wenn Du Dich genau darauf für ein paar Schwünge fokussierst, wirst Du schnell merken, wie sich Deine Kontrolle verbessert.

Der linke Arm ist gestreckt

Dein Rückschwung sollte auf jeden Fall eine gewisse Schulterdrehung haben und nicht nur aus einem Heben und Senken der Arme bestehen. Das merkst Du vor allem daran, dass Du sehr unterschiedliche Treffmomente hast: Mal zu dünn getroffene Bälle, dann wieder zu frühes Schlagen in den Boden und fette Bälle. Solltest Du Dich hier wiedererkennen, empfehle ich, zunächst mit halben Schwüngen zu starten (siehe Kapitel 29). Versuche dann, ein paar Bälle nur mit dem linken Arm zu schlagen.

Übe den Schwung nur mit dem linken Arm

Schnappe Dir ein mittleres oder kurzes Eisen und spiele vom

Tee. Achte dabei auf die Streckung des Armes. Das mag am Anfang sehr ungewohnt sein und die Schläge fühlen sich vielleicht etwas kraftlos an. Es geht hier darum, ein Gefühl zu entwicklen. Probiere es bei Deiner nächsten Trainingseinheit auf der Driving Range aus!

19 Wie sollte ich mein Becken im Schwung bewegen?

https://vimeo.com/291078409/177eda8b9a

Ein Becken, das sich nach vorne schiebt, ist eine häufige Fehlbewegung im Golfschwung. Fehlbewegung deshalb, weil sie Energie kostet und verhindert, kraftvoll einen Ball schlagen zu können. Spieler, die ihr Becken nach vorne schieben, haben das Gefühl, sie würden sich im Rückschwung aktiv drehen. Das Resultat ist nicht nur eine schlechte Drehung, sondern es wird auch verstärkt aus den Armen geschwungen. Es entsteht das berühmte Überschwingen.

Links: keine Drehung des
Beckens und zu starker Einsatz
der Arme

Schlecht für den Rücken: Die
C-Haltung

Das wiederum produziert
schlechte Treffmomente. Auch
bekannt als C-Haltung.

Natürlich kann sich nicht jeder
gleich gut bzw. gleich weit
drehen. Auch wenn körperliche
Einschränkungen bestehen, ist
es wichtig, dass zumindest eine
kleine Drehung entsteht.

Eine sehr gute Übung für die Beckendrehung kannst Du zu Hause mit Hilfe eines Besenstiels oder Deines Drivers machen.

Lege den Driver auf Deine Schultern ...

... und drehe Deinen Oberkörper

Es geht nicht darum, mit aller Gewalt eine Drehung von 45 Grad zu erzielen, sondern dass Du Dich so weit drehst, wie es mühelos für Dich machbar ist. Als Trainer achte ich sehr darauf, niemanden zu überfordern. Pass also bitte auf, dass Du es nicht übertreibst.

Mit einer sauberen Drehung – egal wie weit – schonst Du Deine Wirbelsäule. Die angesprochene C-Haltung solltest Du auf jeden Fall vermeiden. Deine Wirbelsäule wird es Dir danken. Und effektiv ist eine C-Haltung im Schwung leider auch nicht.

Wenn Du große Probleme mit der Drehung hast, kann es helfen, das linke Knie im Rückschwung nach innen zu nehmen. Das erleichtert die Drehung nach rechts. Ich weiß:

Du liest überall, dass der linke Fuß stehen gelassen werden soll. Am besten noch das linke Knie nach außen drücken. Das stimmt auch für alle, die körperlich sehr fit sind.

Bekannte Pros wie Nicklaus, Langer, Watson nehmen immer das linke Knie mit nach rechts. Selbst wenn der linke Fuß sich leicht vom Boden abhebt, ist das völlig in Ordnung.

Das Anheben des linken Fußes erleichtert die Drehung

Mir ist es wichtig, dass Du nicht versuchst, schwierige Bewegungsabläufe

nachzuahmen, die nicht zu Dir passen.

Wenn Du an Deiner Beckendrehung arbeitest, ist es wichtig, dass Du im Durchschwung nicht anfängst, in die andere Richtung zu schieben. Das führt nämlich dazu, dass der Oberkörper zu viel nach rechts kippt.

Der Oberkörper kippt nach rechts

Diese Bewegung wird häufig von Spielern gemacht die gegen einen Hook-Schlag kämpfen. Ich nenne sie immer gern die »Antihookbewegung«.

Also, was wollen wir besser machen? Es wäre gut (auch für Deinen Rücken und Deine Wirbelsäule), wenn Du im Durchschwung die linke Körperseite nach links drehst, sodass Dein Oberkörper zum Ziel zeigt.

Auch hier ist es hilfreich, wenn Du mit dieser Bewegung viele Schwünge ohne Ball übst. Damit ist es deutlich einfacher herauszufinden, wie weit Du Dich drehen kannst (der Ball lenkt dabei nur ab). Ich bin auch ein großer Fan von Probeschwüngen. Die helfen, sich auf das Wesentliche vorzubereiten.

Der Oberkörper zeigt zum Ziel

20 Was muss ich bei Körperdrehung und -spannung beachten?

https://vimeo.com/291084155/20bfbc64ef

Bei diesen beiden Begriffen (Drehung und Spannung) erlebe ich immer wieder Missverständnisse: Die meisten Golfer denken sogar, dass die Bedeutung ähnlich ist. Dabei gibt es erhebliche Unterschiede. So sind Frauen meist in der Lage, sich sehr viel zu drehen, bauen dabei aber wenig Spannung auf. Männer hingegen tendieren dazu, nur aus den Armen und Händen zu schlagen. Um den Unterschied an einem Beispiel deutlich zu machen: Ein Amateur dreht die

Hüften vielleicht 60 Grad und die Schultern 80 Grad. Manche Profis drehen die Hüften 30 Grad und die Schultern 100 Grad.

Wenig Spannung (links), mehr Spannung (rechts)

Du erkennst bereits den Unterschied. Beim Amateur ist die Differenz zwischen Hüft- und Schulterdrehung 20 Grad. Beim Profi hingegen 70 Grad. Die Bewegung des Profis sorgt

für Spannung – und gleichzeitig für Belastung des Körpers.

Wenn Du nicht gerade ein Beweglichkeitswunder bist, macht es keinen Sinn, eine solche Drehung anzustreben. Mit weniger Beckendrehung und mehr Oberkörperdrehung wirst Du bereits deutliche Unterschiede in der Schlagweite feststellen. Viele Golfer drehen intensiv die Hüfte und holen dadurch optisch sehr weit aus. Wenn Du öfter hörst, Du würdest überschwingen, gehörst Du wahrscheinlich auch dazu. Weniger auszuholen, wäre als Anweisung eher sinnlos. Die meisten Spieler können die Länge der Ausholbewegung nur sehr schlecht steuern. Viel einfacher ist es, wenn Du versuchst, das Becken beim Ausholen stehen zu lassen.

Du wirst merken, wie ungewohnt sich die Ausholbewegung anfühlt, wenn Du die Spannung im Becken hältst und dieses nur wenig mitdrehst. Ganz automatisch wird sich Deine Hüftdrehung verkürzen. Ein einfacher Trick mit hoher Wirkung.

Probiere am besten ohne Schläger aus, wie gut das funktioniert. Wenn Dein Rücken und Deine Wirbelsäule nicht flexibel sind, solltest Du nicht das Risiko eingehen, Rückenschmerzen zu bekommen. In Kapitel elf findest Du ein paar Hinweise, wie Du an Deiner Beweglichkeit und Flexibilität arbeiten kannst.

In der Erkenntnis und Akzeptanz, was der Körper mitmacht – und was eben nicht, liegt ein großer Wert. Es ist nicht sinnvoll, ständig etwas zu versuchen, was Du nicht kannst: Viele Golfer versuchen, anders zu schwingen als es ihnen körperlich gegeben ist.

Deshalb ist für mich die Individualität das Entscheidende. Denn auch die besten Golfer der Welt haben nie jemanden kopiert, sondern schwingen ihren persönlichen Stil. Auch Du solltest Deinen eigenen Schwungstil finden. Denn nur mit dem ist Dein Schwung konstant wiederholbar.

21 Wie muss ich das Gewicht im Schwung verlagern?

https://vimeo.com/291085440/49a5b8b054

Im Golfschwung wird eine intensive Gewichtsverlagerung gefordert: Im Abschwung soll das Körpergewicht auf den linken Fuß verlagert werden. Das heißt, dass Du am Ende des Schwungs theoretisch voll auf dem linken Fuß und mit dem rechten Fuß nur noch auf den Zehenspitzen stehst.

Wie in Kapitel 19 beschrieben, sollte das Becken nicht nach links schieben, sondern die linke Hüfte bzw. die linke Körperseite sollte nach links durch den Ball drehen. So würde also eine optimale Gewichtsverlagerung durch den Ball aussehen. Das sieht gut aus und ist auch noch rückenschonend. Die spannende Frage ist: Wann und wie sollte die Gewichtsverlagerung idealerweise eingeleitet werden? Den allermeisten Hobby-Golfern empfehle ich, wenn der Abschwung zuerst mit den Armen eingeleitet wird und dann die Beine bzw. das Knie nachfolgen.

Die linke Körperseite dreht durch den Ball

Erst Arme, dann Beine

Das erfordert Koordination und nicht ein übermotiviertes Reinschmeißen des Unterkörpers. Nicht so beweglichen Golfern rate ich, den Abschwung mit dem rechten Knie einzuleiten. Das verhindert ein Zurückfallen auf den rechten Fuß.

intensive Gewichtsverlagerung ausüben. Die Koordination zwischen Körper, Armen und Beinen erfordert ein hohes Maß an Genauigkeit und einen sehr

Einleitung mit dem rechten Knie

Wenn Du bei Fernsehübertragungen in der Zeitlupe aufmerksam bist, wirst Du feststellen, dass auch die Besten der Welt keine sehr

Zurückfallen auf den rechten Fuß

guten Schwungrhythmus: Viel Bewegung in sehr kurzer Zeit.

Zwei bekannte Spieler, Jim Furyk und Bernhard Langer, haben eine besonders intensive Gewichtsverlagerung. Furyk zum Beispiel steht sehr nahe am Ball. Er muss zum Treffmoment Platz für den Schläger machen. Langer gleicht durch seine Gewichtsverlagerung seine geschlossene Schlagfläche aus. Manchmal sind sehr intensive Bewegungen für eine Kompensation nötig!

Stell Dich vor den Spiegel und übe eine Gewichtsverlagerung. Finde dabei heraus, wie viel Gewichtsverlagerung in der Körperdrehung sinnvoll ist – und wie Du die Drehung einleitest. Das kannst Du gut testen, indem Du Deine Augen dabei zu machst. Kannst Du Dich mit geschlossenen Augen so drehen, dass es sich nicht wackelig anfühlt, sollte es passen.

Übe die Gewichtsverlagerung vor dem Spiegel

Es ist wichtig, dass Du den Abschwung erst einleitest, wenn Du mit dem Rückschwung fertig bist. Hektik ist im Golfschwung nicht hilfreich.

22 Wie halte ich die Balance im Schwung?

https://vimeo.com/291087175/9e23caaaf0

Du kennst bestimmt Spieler, die im Durchschwung leicht umfallen und nach dem Schlag völlig anders da stehen als es in der Ansprechhaltung der Fall war. Diese Spieler haben ihre Balance im Golfschwung verloren.

Wenn Du einen Schwung siehst, der Dir optisch gut gefällt, dann wahrscheinlich deshalb, weil der Spieler total sicher steht und sich das nach dem Treffmoment auch nicht ändert. Auch das ist trainierbar! Doch Du kannst nur das verbessern, was Du bewusst wahrnimmst. Lass uns also mit der Balance beschäftigen.

Die größten Faktoren für eine schlechte Balance sind eine schlechte Ansprechhaltung am Ball und eine Schwungebene, die zu steil oder zu flach ist. Insbesondere Slicer kippeln mit den Füßen und haben in der Regel keine ausgewogene Endposition. Meist stehen sie auf den Zehenspitzen und fallen nach vorn. Nur ganz selten sehe ich einen Balanceverlust nach hinten und eine Gewichtsverlagerung auf die Hacken.

Auf hügeligen Plätzen ist ein Verlust der Balance noch kritischer. Auch bei Bunkerschlägen benötigst Du eine sehr gute Balance. Ich empfehle hier immer gern, dass

sich die Ansprechhaltung eher sitzend anfühlen und genau dieser Stand bis zum Finish gehalten werden sollte.

Wenn Du Schwierigkeiten mit der Balance hast, kann es sehr hilfreich sein, in Schräglagen zu trainieren. Solltest Du beispielsweise immer auf die Zehenspitzen kippen, dann wäre es gut, wenn Du unterhalb des Balles stehen würdest. Da merkst Du sofort, dass Du Deinen Körperschwerpunkt verändern musst, um nicht umzufallen.

Eine andere sehr gute Übung ist, Bälle auf einem Bein stehend zu schlagen.

Das ist eine sehr schwierige Übung, aber dafür ist sie umso effektiver. Du wirst damit ein Gefühl für Deine Körpermitte bekommen und lernen, wie groß

Dein Schwung sein darf – also wie viel Körperdrehung möglich ist – ohne dass Du die Balance verlierst.

siehst Du, wie sicher diese nach einem Schlag stehen. Selbst, wenn sie bei einem Drive Vollgas geben. Das nennt man eine gute Balance!

Übung für die Balance: Bälle auf einem Bein schlagen

Bei Top-Profis wie Dustin Johnson oder Rory McIlroy

Übung: Trainiere Deine Balance

https://vimeo.com/291088165/4065cb7fd0

Probiere auf der Driving Range Folgendes aus: Schlage ein paar Bälle mit total schmalem Stand (das heißt, die Füße sind ganz eng zusammen).

Wenn Du in dieser Position Bälle schlägst, wirst Du schnell herausfinden, in welche Richtung Du mit der Balance tendierst und Dein Oberkörper kippt. Nach ein paar Wiederholungen wirst Du merken, dass sich Deine Balance stabilisiert und Du sicherer stehst.

Übertrage nun dieses Gefühl in Deinen richtigen Schwung, indem Du Dich wieder normal hinstellst und Bälle schlägst.

Diese Übung ist genauso einfach wie effektiv. Baue sie immer dann in Dein Training ein, wenn Du merkst, dass Du Probleme mit Deiner Balance hast. Der schmale Stand wird Dir dabei helfen, sie wiederzufinden.

Schmaler Stand

23 Was sollte ich beim Durchschwung beachten?

https://vimeo.com/291449602/e38c45148c

Der Durchschwung wird von vielen Golfern unterschätzt. Oft mit dem Argument, dass der Ball ja schon längst getroffen wurde. In der Tat kannst Du den Ballflug nach dem Treffmoment nicht mehr beeinflussen. Doch wenn Du nicht durchschwingen wollen würdest, müsstest Du ja bereits vor dem Treffmoment abbremsen.

Ein Golfschwung dauert in etwa 1,5 Sekunden. Und der Durchschwung ist nun mal Teil dieser Bewegung. Jede

Bewegung hat ein Anfang und ein Ende. Für die Konstanz Deines Schwungs ist es mit Sicherheit nicht schädlich, wenn Du Dir die Endposition bewusst machst. Deinem Gehirn wird es deutlich leichter fallen, die komplexe Bewegung des Golfschwungs zu koordinieren, wenn ihm klar ist, wohin diese führt.

Links wurde die Bewegung nicht zu Ende geführt

Die Frage ist nicht, wie weit Du Deinen Durchschwung ausführen solltest, sondern wie weit Du es kannst. Jugendliche können sich ohne Ende verbiegen. Doch leider gehören die meisten Golfer eben nicht zu dieser Gruppe und haben nicht die körperlichen Voraussetzungen eines Tour-Pros. Finde also für Dich heraus, wo Dein Durchschwung enden kann und strebe diese Endposition bei jedem Schwung aufs Neue an. Das wird Dir helfen, Deinen Schwung konstanter auszuführen.

In meinen Augen ist der Durchschwung ein Spiegelbild des gesamten Schwungs und ich kann erkennen, was vorher im Schwung passiert ist.

Ein Top-Profi wie Rory McIlroy steht in der Endposition wie eine Eins, auch wenn er einen vollen Drive schlägt. Er steht ausbalanciert und schaut dem Ball fokussiert hinterher. Achte auf Deiner nächsten Golfrunde, wie einige Deiner Mitspieler nach dem Schwung stehen. Dann wirst Du genau sehen, was ich meine.

Um das selbst zu üben, wäre es gut, mit ein paar Schwüngen ohne Ball anzufangen. Konzentriere Dich dabei auf Deine Durchschwungposition. Du wirst Schwung für Schwung merken, wie viel leichter sich Dein Schwung anfühlt, wenn Du weißt, wie Deine Bewegung enden wird.

Die meisten meiner Schüler haben den Wunsch, konstanter zu werden. Der Durchschwung ist der wichtigste Punkt, wenn Du Dich hier verbessern möchtest. Trainiere am besten vor dem Spiegel oder nimm Deinen Schwung mit der Kamera Deines Smartphones auf. Der Fokus liegt auf einem sauberen Durchschwung und das Ziel ist es, in der Endposition stabil zu stehen. Damit steigt die Wiederholbarkeit Deines Schwungs und das Ganze sieht auch noch ästhetischer aus. Was willst Du mehr?

24 Wie kann ich den Treffmoment trainieren?

https://vimeo.com/291450579/f01a23b12b

Im Englischen heißt der Treffmoment auch »moment of truth«, also der Moment der Wahrheit. Das sagt im Grunde schon alles über die Bedeutung des Treffmoments aus. Hast Du Dich schon mal mit dem Treffmoment intensiv auseinandergesetzt?

Greif Dir am besten gleich einen Schläger und geh in die Ansprechposition. Simuliere einen Schlag in Zeitlupe und stoppe die Bewegung, wenn Dein Schläger den Ball treffen würde.

Links die Ansprechposition, rechts der Treffmoment

Sieht das so aus wie auf dem Foto? Das wäre der ideale Treffmoment. Insbesondere bei Eisenschlägen geht es darum, die Hände vor dem Schlägerschaft zu haben, damit der Ball möglichst spät getroffen wird.

Während des Golfschwungs hast Du keine Zeit, über diesen so wichtigen Moment nachzudenken. Beim Schlagen auf der Driving Range hast Du Dich bestimmt auch noch nicht intensiv mit dem

Treffmoment beschäftigt. Dabei kannst Du das sogar zu Hause trainieren, indem Du wie beschrieben, die Bewegung ganz langsam ausführst. Und wenn Du keinen Ball schlägst, wird es Dir auch viel leichter fallen, Dich auf das Wesentliche zu fokussieren.

Viele Tour-Spieler beschäftigen sich auf diese Weise mit Positionen im Schwung, da sie gelernt haben, dass die Effektivität dieser Übungen sehr hoch ist.

Vielleicht wollen sich auch manche Golfer gar nicht intensiv damit auseinandersetzen. Doch wie soll dann eine Verbesserung stattfinden? Bei einem vollen Schwung kannst Du Dich gar nicht auf den Treffmoment fokussieren. Das geht alles viel zu schnell. Wenn Du aber mit dieser Übung Deinem Gehirn die korrekte Position »zeigst«, wird sich das positiv auswirken!

Wissen ist Macht! … auch wenn es nur unterbewusst angewendet wird.

Übung: Trainiere den Treffmoment

https://vimeo.com/291450911/5587ce7a2a

Ein sehr hilfreiches Werkzeug, um den Treffmoment zu überprüfen, ist ein Spiegel.

Da Du bei dieser Übung gar nicht schwingen brauchst, kannst Du sie auch sehr gut zu Hause machen. Stell Dich vor den Spiegel und nimm die Ansprechhaltung ein. Gehe nun langsam in den Treffmoment

über, indem Du Dein Becken Richtung Ziel rotierst und Deine Hände vor den Ball schiebst.

Wiederhole das mehrere Male und vergleiche Deine Haltung mit dem Foto auf der nächsten Seite.

Wenn Du diese Übung über einen längeren Zeitraum machst, wirst Du ein besseres

Gefühl für einen guten

Treffmoment bekommen.

Vergleiche Dein Spiegelbild mit
diesem Foto

25 Wie sieht der richtige Rhythmus im Golfschwung aus?

https://vimeo.com/291451804/75039081bf

Der richtige Rhythmus bzw. das richtige Timing im Golfschwung ist sehr schwierig zu lehren. Ob ein Rhythmus stimmt, ist individuell, doch das Gefühl für einen ausgeglichenen Golfschwung spürt jeder, sobald es der Fall ist.

Viele Männer sind hier mehr gefordert als Frauen. Denn Männer denken oft, das schnell schwingen mehr Länge bringt. Wenn das so einfach wäre. Viel wichtiger ist die Frage, in welchem Moment des

Schwunges die Schnelligkeit ihre Wirkung entfalten kann.

Ich sehe viele Golfer, die eine hohe Geschwindigkeit im Rückschwung haben und langsamer im Abschwung werden. Das erzeugt keine langen Bälle und sieht eher hektisch aus.

Probiere doch mal Folgendes aus: Schlage das nächste Mal auf der Driving Range Bälle mit 50% Tempo. Achtung! Das sind keine halben Schwünge (siehe Kapitel 29). Also: Voller Schwung, halbes Tempo. Das ist gar nicht so einfach, Du bekommst das aber hin!

Mit dieser Übung bekommst Du ein Gefühl, das richtige Tempo zu entwickeln. Steigere dazu langsam die Geschwindigkeit. Du wirst schnell merken, ab welcher Geschwindigkeit sich die Kontrolle über die Bewegung verschlechtert. Durch Variation und Ausprobieren kannst Du herausfinden, wieviel Tempo sinnvoll ist und mit welcher Geschwindigkeit Du Deine Schläge gut kontrollieren kannst. Nimm Dir genug Zeit für das Justieren.

Auch bei Weltklassespielern sieht man deutliche Tempo-Unterschiede. Der Japaner Matsuyama hält zum Beispiel beim Ausholen richtig an – ohne Tempo zu verlieren. Bei Ernie Els sieht der gesamte Bewegungsablauf eher behäbig aus. Bei Nick Price oder Jon Rahm ist hingegen ordentlich Tempo vorhanden.

Der Rhythmus hat auch immer etwas mit der Persönlichkeit zu tun. Beides sollte zusammenpassen. Aber das wirst Du fühlen.

Ich möchte noch mal betonen, dass ich nicht einen langsamen Schwinger schnell machen möchte oder umgekehrt. Denn das würde die gesamte Koordination auf den Kopf stellen. Und ich möchte auch noch darauf hinweisen, dass viele gar nicht zu schnell schwingen. Das häufigste Problem ist, dass Bewegungen zu früh abgebrochen werden. Finde heraus, wo Dein Rückschwung fertig wäre und wie Du im Finish stehen möchtest (siehe Kapitel 23). Dein Ziel sollte es sein, bei jedem Schwung in diese Position zu kommen. Dann kannst Du im Abschwung auch Gas geben. Was bei hektischen und unfertigen Bewegungen unterschätzt wird: Der

Treffmoment leidet massiv. Du hast dann vielleicht das Gefühl, ordentlich Tempo im Schwung zu haben, aber der Ball fliegt nicht. Das liegt daran, dass Du ihn nicht im Sweetspot, sondern »irgendwo« auf dem Schlägerblatt triffst. Diese Erkenntnis erleben meine Schüler oft beim Schlägerfitting. Was passiert bei Dir, wenn Du mit maximalem Tempo schwingst? Vergleiche das Ergebnis mit einem Schwung, bei dem Du mit 70% Tempo schlägst. Welches Ergebnis würdest Du lieber auf dem Platz sehen?

Es geht niemals darum, was der richtige Weg ist und welcher nicht. Es geht immer darum, welcher Weg für Dich am besten funktioniert. So machen es die guten Spieler: Sie testen alles aus und stellen fest, was am besten geeignet ist – auch unter Druck.

Ich finde, solche Übungen mit Tempo-Variation bringen mehr Spaß ins Training. Oder bevorzugst Du monotones Bälleschlagen ohne Ziel?

Die Königsdisziplin wäre dann noch, den Ball ganz bewusst mit einer gewünschten Flugkurve zu schlagen. Denn hierfür ist Timing und Rhythmus das A und O.

26 Woran sollte ich im Golfschwung denken?

https://vimeo.com/291453184/f0c750fa10

Bei den Schwunggedanken gibt es die größten Missverständnisse zwischen Schüler und Trainer. Wenn jemand nach der Golfstunde sagt, er sei völlig verwirrt vor lauter Anweisungen und er habe jetzt zu viele Gedanken im Kopf, weist das auf eine schlechte Kommunikation hin. Das ist ein Zeichen von Überforderung! Wenn Du während des Trainings dieses Gefühl hast, solltest Du es unbedingt Deinem Pro mitteilen. In diesem Fall ist es hilfreich, sich auf einen oder maximal zwei Punkte im Schwung zu konzentrieren. Es lassen sich nicht immer alle Baustellen gleichzeitig lösen - und ein guter Trainer sollte das auch merken.

Ich bin voll bei Dir, dass zu viele Schwunggedanken gutem Golf im Wege stehen. Das wird Dir auch jeder Profispieler bestätigen. Manchmal frage ich mich, wie überhaupt so viele Gedanken entstehen können. In Golfzeitschriften und bei YouTube* wimmelt es nur so von Golf-Tipps. Doch nur, weil etwas fachlich richtig ist, muss es noch lange nicht zu Dir passen. Der jeweilige Autor kennt Dich ja nicht und so kann es schnell passieren, dass eine Übung oder Korrektur überhaupt nicht zu Dir und Deinem Schwung passt.

*Werbung (Markennennung)

Es gibt auch viele Golfer, die behaupten, sie wollen an gar nichts denken. Das geht vielleicht bei ein oder zwei Schlägen gut. Wenn Du konstant spielen möchtest, kommst Du ums Denken nicht herum. Schließlich geht es im Golf um das permanente Verbessern. Es ist also sinnvoll, sich genau einen gedanklichen Schwerpunkt zu setzen und diesen Gedanken dann konsequent anzuwenden. Ein guter Schwunggedanke für den Platz ist zum Beispiel das Timing oder der Rhythmus im Schwung. Denn der weicht auf dem Platz oft von dem ab, was man auf der Driving Range macht. So sollte der Rückschwung und die Ausholbewegung ruhiger werden. Denn hektisches Ausholen war noch nie erfolgreich. Ich nenn es immer gerne »in Ruhe zu Ende schwingen«. Wo auch immer Dein Rückschwung fertig ist. Bei manchen Spielern sieht es aus, als würden sie kurz ausholen und bei anderen sieht der Schwung sehr weit aus. Das ist sehr individuell.

Auf dem Golfplatz solltest Du Dich auf Deine Routine als Schlagvorbereitung konzentrieren. Überlege, wohin Du schlagen möchtest. Berücksichtige dabei die Tendenz Deiner typischen Ballflugkurve. Wenn Du zum Beispiel eine leichte Slice-Tendenz hast, solltest Du Dir ein Ziel suchen, das Dir nach rechts genug Spiel lässt.

Was Du auf gar keinen Fall tun solltest: Auf dem Platz zu überlegen, wie Du den Slice besiegen könntest! Die Driving Range ist der richtige Ort, um mehrere Gedanken bei einem Schlag zu haben. Dort solltest Du an Deiner Technik feilen – und nicht auf dem Platz.

Ich behaupte, dass es für Erwachsene unmöglich ist, an nichts zu denken, wenn sie etwas aktiv machen. Und wenn Du schon denkst, wäre es sicherlich nicht von Nachteil, an positive Dinge zu denken. Wenn ich mir vorstelle, wie ich einen ruhigen Schwung ausführe, dabei ganz entspannt bin und jeden Schlag so akzeptiere, wie er kommt, wäre das schon mal ein guter Anfang in Sachen Schwunggedanken. Der Golfplatz – und erst recht ein Turnier – sind nicht geeignet für viele und schwierige Gedanken. Ein Golfschwung dauert etwa 1,5 Sekunden. Da bleibt nicht viel Platz für Gedanken. Wenn Du ausholst und Dir Gedanken zur Technik machst, wird es mit einem freien Schwung durch den Ball sehr kompliziert.

Also: Denken ist nichts Schlechtes. Du musst für Dich herausfinden, welcher Schwunggedanke Dir in der aktuellen Situation hilft und Dich dann für diesen EINEN Gedanken entscheiden.

Dein Körper folgt im Schwung gewissen Automatismen. Diese hast Du über lange Zeit eingeübt. Solche Automatismen zu durchbrechen dauert Zeit. Der Körper muss geänderte Bewegungsabläufe erst verstehen. Vielleicht hat Dein Gehirn schon etwas aufgenommen, aber Dein Körper kann das noch nicht

umsetzen. Erst recht nicht in einer Drucksituation.

Konzentriere Dich auf dem Platz also auf positive Gedanken, Deine Schlagroutine und einen Schwunggedanken wie zum Beispiel dem Tempo. Alles andere gehört auf die Driving Range.

27 Welche Schwungebene ist die richtige?

https://vimeo.com/291454316/54fdc75ee2

Über Schwungebenen wird ja recht viel diskutiert. Meist sehr intensiv. Das liegt vor allem an den unterschiedlichen Betrachtungsweisen. Am Ende geht es immer darum, ob jemand zu steil oder zu flach schwingt.

Auch bei Top-Pros siehst Du die unterschiedlichsten Schwungebenen, die für den jeweiligen Spieler funktionieren. Es geht letztendlich nur darum, den Schläger im Treffmoment in die ideale Position zu bringen.

Der Weg dorthin ist bei jedem Spieler unterschiedlich.

In dem Sinne gibt es keine »richtige« Schwungebene, sondern nur eine Schwungebene, die funktioniert – oder eben nicht. Das hängt selbstverständlich auch von den körperlichen Voraussetzungen ab. Ein sehr muskulöser Typ kann sich eher nicht so gut drehen und wird daher einen steileren Schwung kreieren.

Links ein flache, rechts eine steile Schwungebene

Wenn Du mit Deinem Pro an Deinem Schwung arbeitest, müsst Ihr unbedingt klarstellen, ob die Arme zu steil sind oder nur der Schläger. Denn wenn keine saubere Analyse stattfindet, wird später im Training viel Zeit vergeudet.

Es kommt sehr häufig vor, dass jemand sehr gut mit den Eisen zurecht kommt, aber mit den Hölzern Probleme hat. Das spricht zum Beispiel für eine steile Schwungebene. Die Frage ist, warum jemand zu steil oder zu flach schwingt. Was sind die Ursachen für die jeweilige Schwungbahn?

Links sind die Arme steil, rechts der Schläger

Die möglichen Gründe sind vielfältig:

- Keine Drehung im Rückschwung

- Schlechte Ansprechposition (z.B. offener Stand)

- Unorthodoxer Griff

- Falsche Vorstellung / Schwungidee

- Balance-Probleme

- Nicht passende Ausrüstung

... es gibt noch viele, viele mehr. Ich wollte zumindest die häufigsten Punkte nennen.

Doch wie stellt man fest, welche Schwungebene die bessere ist und ob eine Umstellung zum Erfolg führt? Bubba Watson wird seine Schwungebene wahrscheinlich auch nicht mehr umstellen, aber der ist ja auch erfolgreich!

Meine Erfahrung ist, dass wenn sich eine Schwungebene verfestigt hat, es extrem schwierig ist, diese zu verändern. Vor allem auf dem Platz! Auf der Driving Range gelingt oftmals eine Verbesserung. Doch auf dem Platz ist das immer noch mal eine andere Geschichte. Da »muss« es schließlich funktionieren. Denkt zumindest der Kopf. Und der mischt sich dann – besonders unter Druck – ein und greift auf bekannte und eingeübte (Schwung)Muster zurück.

Ich möchte auf gar keinen Fall so verstanden werden, dass Du nicht an Deiner Schwungebene arbeiten sollst. Nur möchte ich auch nicht den Eindruck erwecken, dass es einfach wäre.

Viele Spieler arrangieren sich mit ihrer Schwungebene und wissen, wie die Bälle fliegen und stellen sich darauf ein. Wenn Du aber grundlegend etwas verbessern möchtest, bietet sich der Winter an. Hier gibt es keinen Turnierdruck und Du kannst ggf. nicht mal auf den Platz. In dieser Zeit lohnt es sich mit Videounterstützung zu arbeiten. Das schärft die Konzentration auf das Wesentliche.

Wäge am besten gemeinsam mit Deinem Trainer ab, ob sich eine Umstellung der Schwungbahn lohnt und welchen Aufwand Du in etwa reinstecken musst, um am Ende ein zufriedenstellendes Ergebnis zu erzielen. Ich bin der Ansicht, dass es sich nicht lohnt, Maniküre für eine schlechte Schwungbahn zu betreiben. Lieber gehe ich die großen Baustellen an, denn deren Wirkung ist viel größer. Wahrscheinlich könnte ich zu diesem Thema ein eigenes Buch schreiben. Ich möchte Dich jedenfalls motivieren, mit Deinem Trainer herauszufinden, welche Deine größte Baustelle ist.

28 Was muss ich bei Schräg- und Hanglagen beachten?

Sobald der Ball auf einem Hang oder einer Schräge liegt, entsteht meist große Unsicherheit. Wie soll ich mich hinstellen? Wie beeinflusst die Lage den Ballflug? Wenn Dein Heimatplatz eher eben ist, wirst Du wahrscheinlich zu denen gehören, die unsicher werden, wenn sie einen hügeligen Platz spielen. Bergauf funktioniert es meist noch recht gut, da der Ball hier sehr einfach in die Luft zu kriegen ist. Bergab sieht das schon anders aus. Ich kenne keinen Spieler, der gerne bergab spielt. Damit Du weißt, worauf Du in welcher Situation achten solltest, möchte ich auf vier verschiedene Lagen eingehen: Bergauf, bergab, unter dem Ball stehend und über dem Ball stehend. In allen Lagen gilt die Regel »mit dem Berg stehen« und nicht dagegen. Beim Skifahren ist es wohl so ähnlich.

Bei Hanglagen hilft es sehr, wenn Du Deine Erwartungen nicht zu hoch steckst. Sei realistisch und versuche nicht, Deine nicht so gute Lage durch einen besonders weiten Schlag ausgleichen zu müssen.

Über dem Ball stehend

https://vimeo.com/291454692/07369e62cd

Sollte der Ball unterhalb Deiner Füße liegen, musst Du stärker in die Knie gehen. Der Ball wird eher mit einer Rechtskurve fliegen. Diese solltest Du bei einem solchen Schlag einkalkulieren. Wichtig ist, dass Du Deine Knie beim Durchschwung gleich stark gewinkelt hältst. Wenn Du die Beine zu früh streckst und Dich aufrichtest, wirst Du den Ball toppen.

Bergauf

https://vimeo.com/291455854/1ea4907622

Wenn Du Dich in einer Bergauf-Lage befindest, entsteht ein sehr hoher Ballflug. Also nimm eventuell einen Schläger mehr (z.b. Eisen 8 statt Eisen 9). Die Körperachse ist eher nach rechts geneigt und an den Hang angepasst.

Bergab

https://vimeo.com/291455240/155ed43cdd

Bergab ist es sehr schwierig, einen hohen Ballflug zu erzeugen. Nimm also auf jeden Fall einen Schläger mit mehr Loft – egal, wie weit es noch zur Fahne ist. Die Körperachse ist nach links geneigt. Es sollte sich so anfühlen, als ob Du mit Deinem Körper komplett nach links hängen würdest. Die Balllage ist mehr zum rechten Fuß. Sonst produzierst Du einen fetten Schlag.

Unter dem Ball stehend

https://vimeo.com/291456514/0fc8e16a65

Liegt der Ball oberhalb Deiner Füße, musst Du kürzer greifen und Deine Schwungebene sollte flacher werden. Nicht nur im Rückschwung, sondern auch im Durchschwung! Der Ball liegt in der Ansprechhaltung mittig. In dieser Lage wird der Ball eher eine Hook-Tendenz haben (also nach links fliegen). Das liegt daran, dass Du stärker um Dich herum schwingen wirst (also flacher). Kalkuliere eine Linkskurve bei der Ausrichtung mit ein.

29 Wie steigere ich die Konstanz meiner Schläge?

https://vimeo.com/291457578/3c556fc93c

Hast Du schon mal mit halben Schwüngen trainiert? Meine Schüler hassen das. Ich glaube der Grund ist, dass sie oft nicht genau wissen, was ein halber Schwung eigentlich ist. Handelt es sich um einen großen Schwung mit halben Tempo oder soll kürzer ausgeholt und dadurch kürzer geschwungen werden? Ich liebe halbe Schwünge und quäle meine Schüler gerne mit diesem Schlag. Das hat einen einfachen Grund: Wer einen halben Schwung beherrscht, spielt deutlich besseres Golf. Kommen wir zurück zur Frage, was ein halber Schwung eigentlich ist: Stell Dir in der Ansprechhaltung vor, Du würdest entlang eines Ziffernblattes schwingen (der Schläger zeigt dabei auf 6 Uhr). Wenn Du bis 9 Uhr ausholst und bis 3 Uhr durchschwingst, hast Du einen halben Schwung gemacht. Der linke Arm ist dabei möglichst durchgestreckt (siehe Kapitel 18), die Handgelenke gewinkelt und Du machst eine halbe Körperdrehung.

Beim halben Schwung darfst Du nur » bis 9 Uhr « ausholen

Das beste Gefühl für einen halben Schwung wirst Du entwickeln, wenn Du Dich selbst per Video kontrollierst. Meistens fühlt sich nämlich die Ausholbewegung viel kleiner an als sie es tatsächlich ist! Meine Schüler sind immer ganz erschrocken, wie weit sie wirklich ausholen, wenn ich ihnen die Aufnahme zeige.

Beherrschst Du den halben Schwung, wirst auch Du ihn lieben. Er wird Dir nämlich speziell rund ums Grün sehr helfen. Auch im Gelände als eine Art Transportschlag wird er Dir viel Sicherheit geben. Es gibt für mich auf dem Golfplatz kein schöneres Gefühl als in der Lage zu sein, etwas kontrollieren zu können. Mit einem halben Schwung wird auch Dein Treffmoment besser. Ich sage immer gerne, dass der Treffmoment »knackiger« wird.

Der Treffmoment fühlt sich mit einem halben Schwung »knackiger« an

Auch bei den Top-Profis sehen wir oft kleine, kürzere Schwünge. Vor allem, wenn es darum geht, Kontrolle über einen Schlag zu haben und damit die Schlagdistanz zu kontrollieren. Das, was für die besten Spieler der Welt gut funktioniert, wird mit Sicherheit auch Dir helfen.

Um es noch mal deutlich hervorzuheben: Ein halber Schwung ist nicht nur für kurze Schläge geeignet. Auf dem Fairway kannst Du mit einem mittleren Eisen einen Transportschlag mit einem halben Schwung ausführen. Oder wenn Du bei starkem Wind spielst, kann Dir ein halber Schwung helfen, den Ball flacher zu schlagen.

Was sich beim halben Schwung am meisten verbesserst, ist der Treffmoment. Meine Schüler schaffen es plötzlich mit dem Eisen erst den Ball und dann den Boden zu treffen. Sie treffen den Ball wesentlich später und auf einmal machen halbe Schwünge richtig Spaß.

Also: Trainiere halbe Schwünge (immer mit Video-Kontrolle!) und profitiere gleich doppelt davon. Du bekommst ein besseres Längengefühl für kürzere Distanzen und verbesserst Deinen Treffmoment erheblich. Dieser fühlt sich plötzlich schön knackig an und Du wirst überrascht sein, wie weit Deine Bälle mit halben Schwüngen fliegen werden.

Denke nicht, dass wenn Du wieder weiter ausholst, der Ball auch doppelt so weit fliegen wird! Aber darum geht es ja auch gar nicht, oder?

30 Wann sollte ich chippen und wann pitchen?

https://vimeo.com/291459279/1c5451d5ad

Auf dem Platz beobachte ich immer wieder Spieler, die die beiden Schlagarten verwechseln und den Unterschied nicht kennen. Mit solch einer Verwirrung ist es sehr schwierig, auf dem Platz die richtige Entscheidung zu treffen. Doch lass mich erstmal den Unterschied zwischen diesen beiden Schlagarten erklären. Dann wird es Dir deutlich einfacher fallen zu entscheiden, wann welcher Schlag sinnvoll ist und welcher Schlag, in welcher Situation besser zu kontrollieren ist. Wir unterscheiden bei diesen beiden Schlägen zwischen einem Einhebel- und einem Zweihebelschwung. Das heißt, dass Du beim Ausholen für einen Chip keinen Winkel zwischen Armen und Handgelenken bildest (Einhebelschwung). Bei einem Pitch winkelst Du die Handgelenke (Zweihebelschwung). Ein weiterer Unterschied ist, dass beim Chip der Ball die größere Strecke zur Fahne rollt. Beim Pitch fliegt er eher in einem hohen Bogen und rollt ganz wenig. Auch die Ansprechhaltung ist beim Chip etwas anders, als wenn Du einen vollen Schlag machen würdest.

Der Chip (links) ist ein Ein-, der Pitch (rechts) ein Zweihebelschwung

Die meisten Golfer haben Schwierigkeiten, ihre Hände unter Druck kontrollieren zu können. Du kennst das sicher: Wenn Du nervös bist, machen Deine Hände manchmal zu viel und dann wird es schwierig,

Die Hände sind beim Chip (links) einen Tick weiter vorne und der
Schläger wird etwas kürzer gegriffen

einen sauberen Treffmoment zu generieren.

Gerade in Drucksituationen wäre ein größerer Chip (also ohne Einsatz der Handgelenke) einfacher als ein kleiner Pitch. Das spart Schläge und gibt Selbstvertrauen. Ich sehe häufig, dass trotz flachem Vorgrün (und ohne Hindernisse auf dem Weg zur Fahne) zum Sand Wedge gegriffen wird. Ein hoher Ball ist technisch anspruchsvoll. Deutlich einfacher ist es, mit einem Eisen 8 den Ball zwei Drittel der Strecke zum Loch rollen zu lassen. Beim Tennis gibt es den Ausdruck »unforced errors«. Das heißt übersetzt so viel wie »Fehler ohne Not«. Diese gibt es auch im Golf sehr häufig. Viele sagen mir dann, sie können bei flachen Bällen schlecht die Distanz kontrollieren. Ich

verspreche Dir: Wenn Du den Chip mit dem Eisen 8 übst, wirst Du ihn lieben!

Wenn Du allerdings über einen Bunker spielen musst oder nicht viel Grün zur Verfügung hast, dann ist ein Pitch mit dem Sand oder Lob Wedge sicherlich die bessere Wahl! Spiele diese Schläge jedoch nicht zu knapp und nutze das Grün nach der Fahne zu Deinen Gunsten. Selbst Spieler wie Phil Mickelson – vielleicht der beste Spieler der Welt beim Pitchen – hat etwas umgestellt und schwingt jetzt beim Ausholen mit deutlich weniger Handgelenkeinsatz. Sicherlich keine irrelevante Information.

Unter Druck wirst Du immer besser Chippen als Pitchen. Am Ende solltest Du immer nach Gefühl entscheiden. Dabei solltest Du wissen, dass weniger Handgelenkeinsatz mehr Kontrolle bedeutet.

Ab heute gesund!

Sie wollen bewusst gesund genießen und wünschen sich ein zusätzliches Einkommen? Dann gibt es gleich zwei Gründe, weshalb Sie hajoona kennenlernen sollten.

Informationen unter:

hajoona GmbH
Helmholtzstr. 8
69120 Heidelberg

Telefon: +49 (0) 6221 72566-03
Telefax: +49 (0) 6221 72566-79

E-Mail: office@hajoona.com
Internet: www.hajoona.com

31 Wie werde ich ein guter Putter?

https://vimeo.com/291459771/d2bd99d476

Du wirst von uns Trainern immer wieder hören, dass das Putt-Training am wichtigsten ist, da hier das größte Potential liegt, um Schläge zu sparen. Da Du mit dem Putter die meisten Schläge machst, ist das auch logisch. Ja, länger abzuschlagen ist auch schön (fürs Ego), aber damit hast Du dann noch keinen einzigen Punkt auf Deiner Scorekarte gespart! Viele Golfer sind überrascht, wie viele Putts sie auf einer 18-Loch-Runde benötigen, wenn sie diesen

Wert notieren und auswerten. Die besten Spieler der Welt benötigen im Schnitt 28 Putts für 18 Loch. Bei Amateuren sind es durchschnittlich 36 Putts. Das sind acht Schläge pro Runde! Eine Verbesserung beim Putten ist relativ einfach, da dieser Bereich wenig mit körperlichen Voraussetzungen zu tun hat. Im Gegensatz zu langen Abschlägen, brauchst Du beim Putten nicht besonders fit oder beweglich zu sein. Beim Putt-Training ist es wichtig, dass Du mit einem Schwerpunkt trainierst. Das klingt erstmal furchtbar langweilig, ist es aber nicht. Ich möchte Dir ein paar Übungen vorstellen, die sinnvoll sind und auch noch Spaß machen. Das größte Problem der meisten Golfer ist die Längenkontrolle beim Putten. Längenkontrolle bedeutet übrigens einen Putt so nahe ans Loch zu legen, dass der zweite Putt schmerzfrei ist und nicht zum Wadenbeißer wird, weil er immer noch über einen Meter weit entfernt ist. Längenkontrolle bedeutet nicht, jeden Putt direkt einzulochen! Erstaunlicherweise ist aber genau das der Anspruch der meisten Golfer. Diese Einstellung ist ja ganz nett, aber vielleicht auch etwas übermütig. Versuche erstmal, den Ball nahe ans Loch zu legen. Dann wären wir schon mal einen Schritt weiter.

Mit den nächsten fünf Übungen werden 30 Minuten wie im Flug vergehen. Mehr Zeit solltest Du pro Trainingseinheit auch nicht auf dem Grün verbringen. Jetzt liegt es nur noch an Dir, zwischen fünf und zehn Schläge pro Runde alleine durch besseres Putten zu sparen!

Der Korridor

https://vimeo.com/291460672/5896e5da84

Nimm drei Schläger und lege sie um das Loch herum. Schreite dann zehn Schritte vom Loch ab und versuche, fünf Bälle in diesen Korridor zu putten.

Wenn Du das schaffst, kannst Du die Entfernung vergrößern: zwölf Schritte, 14 Schritte und so weiter. Wie viele Schritte schaffst Du es, Dich vom Loch zu entfernen, ohne einen Putt zu verziehen?

Die Wadenbeißer

https://vimeo.com/291461715/2bcadab64c

Du kennst sicherlich auch diese kurzen Putts, die eigentlich reingehen müssen. Klappt auch oft. Aber manchmal dann doch nicht. Doch wie kann man diese Wadenbeißer trainieren?

Probiere es mit folgender Übung aus: Putte fünf Bälle aus einem halben Meter. Putte weitere fünf, schließe aber während der Puttbewegung die Augen! Das wird dazu führen, dass Du ein viel besseres Gefühl dafür bekommst, was Dein Körper macht. Wenn Du das regelmäßig übst, wirst Du Dich besser darauf fokussieren können und mehr Sicherheit gewinnen.

Die Putt-Uhr

https://vimeo.com/291462430/4c1c85e5c6

Bei der nächsten Übung legst Du vier Bälle um das Loch herum. Diese sollten etwa eine Putterlänge vom Loch entfernt sein.

Nun versuchst Du, so viele Bälle wie möglich hintereinander einzulochen. Wenn Du alle vier eingeloch hast, puttest Du eine weitere Runde. Notiere Dir, wie viele Runden Du geschafft hast und probiere, beim nächsten Mal Deinen Rekord zu brechen.

Hatte ich erwähnt, dass Du wieder von vorne beginnen musst, wenn ein Putt daneben geht? So simulierst Du Turnierdruck im Training.

Die Sechserkette

https://vimeo.com/291463339/8c10cc2b3c

Die richtige Dosierung der Länge ist ein wichtiger Faktor beim Putten. Mit dieser Übung bekommst Du ein gutes Gefühl für die Ausholbewegung und die Geschwindigkeit beim Pendeln. Lege sechs Bälle in Abständen von einem halben Meter zum Loch entfernt hin. Wähle dabei eine Stelle ohne Break. Deine Aufgabe ist nun, alle sechs Bälle einzulochen. Du fängst bei dem Ball an, der am nächsten zum Loch liegt. Eingelocht? Dann darfst Du den nächsten Ball putten. Doch wenn Du daneben spielst, musst Du wieder von vorne anfangen. Ich habe schon Golfer gesehen, die bei dieser Übung fast verhungert sind. Aber dafür konnten Sie danach gut putten!

Grün lesen

https://vimeo.com/291464746/7af4ae2714

Such Dir auf dem Putting-Grün ein Gefälle. Ein Grün lesen zu können, ist nicht einfach. Nimm erstmal ein paar Bälle in die Hand, geh in die Hocke und rolle einen Ball nach dem anderen (alle mit der Hand) aus der hockenden Position Richtung Loch. Beobachte, welchen Weg sich der Ball sucht, indem Du auch verschiedene Geschwindigkeiten ausprobierst. Such Dir ein anderes Break und versuche, das Grün zu lesen. Lege einen Ball an der höchsten Stelle hin, an der der Ball vorbeirollen müsste. Wenn Du jetzt puttest, kannst Du sehr gut kontrollieren, wie gut Du das Break gelesen hast.

Putten wie am Schnürchen

https://vimeo.com/291465712/ac350db5eb

Insbesondere beim Putten gibt es unglaublich viele Trainingsgeräte. Wenn ich eins empfehlen müsste, dann ist das ein simples Seil.

Mit einem Seil kannst Du Deine Pendelbewegung und Genauigkeit kontrollieren. Spanne es mit zwei Heringen so, dass Deine Bälle darunter genug Platz haben. So bekommst Du schnell ein Gefühl für eine gerade Pendelbewegung (von der ich sehr überzeugt bin).

Schlussworte

Ich habe dieses Buch mit der Absicht geschrieben, dass Du manche Dinge im Golf besser verstehen wirst und Dir damit auf dem Platz einiges leichter fallen wird. Mit einigen Glaubenssätzen machen wir uns das Leben nur selbst unnötig schwer und darunter leidet meist der Spaß.

Akzeptiere Dich so wie Du bist und investiere Deine Zeit lieber in Dinge, die Dich nach vorne bringen werden. Ich kann nur immer wieder auf die besten Golfer der Welt verweisen, die trotz auffälliger Schwachstellen in ihrem Schwung souverän Turniere gewinnen: Sie kennen ihre Schwächen und akzeptieren sie.

Verabschiede Dich von den Mythen, die Dir bisher vielleicht im Weg gestanden haben. Setz Dich mit den einzelnen Punkten in diesem Buch auseinander, schreibe Dinge auf und verinnerliche sie. Ich würde mir wünschen, dass Du damit noch mehr Spaß an diesem wunderbaren Sport haben wirst. Ich finde, es gibt kaum etwas Schöneres.